産経NF文庫
ノンフィクション

中国人が死んでも認めない
捏造だらけの中国史

黄　文雄

潮書房光人新社

講談社学術文庫

中国人はいかに中国を語ったか
皇帝たちの中国史

岡田英弘

講談社学術文庫

文庫版のまえがき

ここ数年で「世は加速度的に変わっていく」ということを実感している人は少なくないだろう。イギリスのEU離脱、アメリカ・ファーストを唱えるトランプ大統領の登場など、グローバリズムの後退は確実視されつつある。

もっとも「想定外」だったといえるのは、目下昂進中の米中貿易経済戦争であろう。短期決戦で終わるという意見や百年戦争になるという予測まで様々だが、中国国内でも「二十年は続く」という声が出ている。いずれにせよアメリカが優勢と目されており、中国は「奉陪到底（最後まで付き合う）」と強気の姿勢を見せつつも悪戦苦闘している。互いに関税の引き上げ合戦になっているが、中国には対米農産物の輸入に対する関税を引き上げるしか手がない。

改革開放後の中国はすでに世界最大の通商国家になっているが、食糧をはじめ資源のほとんどを輸入に頼らざるを得ない。数千年来の農耕帝国で、国民の約半分が農民であるにもかかわらず、アメリカでは全人口の約一%しかいない農業人口が世界の農産品輸出の半分を担っている。「中国の農民は何をやっているのだ」とあきれる人も少なくないだろう。

今の中国はもはや「自力更生」の時代に逆戻りすることもできず、衣食住から軍拡に至るまで、年々対米三千億米ドル以上の黒字だけが支えとなる。米中貿易経済戦争以前に、アメリカが対中最恵国待遇を止め、関税を引き上げれば、中国の改革開放は終焉を迎え、軍拡も不可能になるという分析もある。米中貿易経済戦争の実態は、アメリカによる兵糧攻めであることは間違いない。しかしアメリカの要求は、知的財産権の窃盗を止めること、世界貿易機関（ＷＴＯ）の規則を守ることなどであり、決して不当なものではない。

ＥＵも「習近平のいう『一帯一路』は新植民地主義政策だ」と非難し、対アジア経済支援について新構想を出している。まさしく四面楚歌で、中国には対日関係改善を図るしかない。

中国の国是の一つに「歴史戦」があるが、その実態は「歴史の嘘を押しつける」の一事につきる。最大の嘘といえるのが史書『資治通鑑《しじつがん》』の強調する「正統史観」である。

実際、中国史は漢末期の天下崩壊によって終焉を迎えている。その後の歴史の主役は夷狄に移り、意識の主流も「胡教」とされていた仏教へと代わった。

華夏の後裔とされる漢人・漢族も、五胡によってホームグラウンドの中原から追い出された。六朝時代の都・南京では、南朝諸王朝の易姓革命などによって「南京大虐殺」が約二百年間繰り返される。『資治通鑑』の「梁紀」によると、侯景の南京大虐殺の際、三呉（南京周辺）地方の漢の遺民は殺しつくされ、生き残った婦女子は奴隷として北朝に売り飛ばされたという。その後の宋・明は「中華復興」を唱えたものの、宋はモンゴル人の大元、明は満州人の大清に滅ぼされた。

戦後台湾では、教育でもメディアでも「漢人」が連呼されたが、そもそも歴史上「漢人」がいつ頃現れ消えていったのかは謎とされている。私自身も「チャイナタウンを『唐人街』と呼んでも「漢人街」と呼ぶことがないのはなぜか」「漢以後の中国史を『正統史観』で統一していいのか、ウィットフォーゲルの提唱する『征服王朝史観』は日本で浸透していないのか」と問われることがよくある。

もし「天命」「易姓革命」「陰陽五行」などの荒唐無稽な言説で中国の「正統王朝」

を語るのであれば、ラテンアメリカの国々、東ローマ（ビザンチン）帝国、またロシア帝国、ペルシア帝国、オスマントルコ帝国などもみなラテン人の「国史」として語らなければならないことになる。東洋史と西洋史をダブルスタンダードで語るべきではない、ともよく言われていることだ。

歴史の嘘だけでなく、史観・史説を独善的に語ることへの是正も目的として書いたのが本書である。

平成三十年十一月

黄　文雄

中国人が死んでも認めない 捏造だらけの中国史——目次

序章　真実の中国史を知る鍵

第1章 捏造される近代中国史

第2章 身勝手に飾られた現代中国史

第3章 語られなかった中国植民地史

第4章 「詐」と「騙」と「偽」の中国文化史

第5章 日本人が知らなすぎる日中関係史

中国人が死んでも認めない 捏造だらけの中国史

序章　真実の中国史を知る鍵

1 中華思想の実体とは何か

「中華思想」については、すでに戦前の東洋学者や支那学者によって、よく取りあげられ、語られている。今日においても、その状況には昔とたいした変わりはない。たしかに、中華思想というものが昔はあった、今ではすでになくなったと指摘する学者もいるが、いや、むしろ強くなっているという者も少なくない。では今でも中華思想はあるのだろうか。あるいは中華思想とはいったいどういう「思想」「主義」なのだろうか。

各社版の百科大事（辞）典をはじめとして、書物や言論の中によく出てくる「中華思想」についての用語を拾い集めて、私はかつて『中華思想の嘘と罠』（ＰＨＰ研究所）を書いたし、いくつかの著書の中で取りあげたこともしばしばある。そういう私の考察からすると、日本人の常用語としての中華思想と、中国人の意識の中での中華思想、そして学者たちがそれぞれ用いる「中華思想」は必ずしも同一なものではないのだ。

そもそも中国では中華思想という用語はほとんど使われていない。日本人が中華思想と言うと、中国の文化人たちは、それは「仁義道徳」のことかと思い違いをすることが多いのである。もとより道家《どうか》、儒家《じゆか》、法家《ほうか》、墨家《ぼつか》等々の、いわゆる三教九流と称される中国伝来の諸学派に発する思想ではない。総じて言えば、中華思想という系統立った思想体系なるものは存在しないと言っていい。

とすると、日本人の常用語としての中華思想とは、中国人の唯我独尊《ゆいがどくそん》的思い上がりを中軸として、中国的あるいは中国中心的なものの見方、考え方、優越的意識をもつ価値観、人生観、国家観、世界観を意味内容としたものと考えられる。もちろん、李《り》朝《ちよう》の朝鮮には「小中華」志向・主義があったが、それは朝鮮の歴史的文脈の中で考えるべきものであろう。

さて、そこで私は中国的なものの考え方と見方について、以下のようにまとめている。

〔世界意識〕天下主義…中国は天の下に一つ、世界も一つ。
〔自我意識〕唯我独尊…われこそ天下一。
〔空間意識〕中心主義…中国は天下の中心にある。中心志向。

〔歴史意識〕正統主義…中華文明の正統なる後継者という見方。
〔種族意識〕華夷《かい》主義…文明の中華と野蛮な夷狄《いてき》とに分ける。
〔政治意識〕徳治《とくち》主義…道徳で天下を治める。
〔時代意識〕尚古《しょうこ》主義…昔は今より素晴らしかった。
〔価値意識〕文化主義…中華文化は天下無双。
〔国家意識〕大国主義…国家は大きいほどよい。
〔理想国家〕天下統一…天下万民をすべて一つの統一国家にする。
〔理想社会〕大同社会…大同・平等主義的同一性と同質性のユートピア世界。

つまり、日本人の言う中華思想とは、右に個別的に分類・分析したものの総体、あるいはその用い方の文脈によって、そのいくつかを指すものと解釈できるのではないか。本書の中でも中華思想という用語を頻繁に用いることになるが、その中華思想の実体は右に掲げた項目のいずれかに該当するものと理解願いたい。

右に列挙した中華的なものの見方と考え方は、一見多様で多義的に見えるが、じつは互いにそれぞれ関係しあって、一つの思想的システムにもなっている。

たとえば、中華思想とは、きわめて自己中心的、自国中心的であるがゆえに、人間関係、国際関係でさえ、きわめて自分中心のご都合主義で、世界意識としては天下中

中華世界の地理的空間

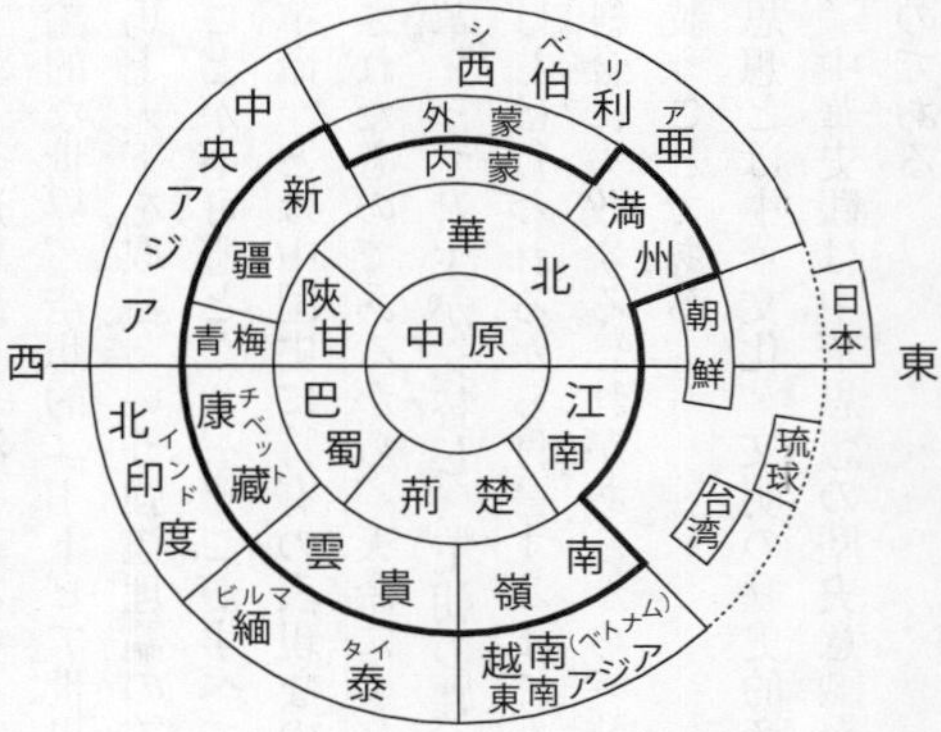

※太線の内側は中国官製地図の中国領土（但し台湾は外した）。太線の外側は中国人が主張する固有の領土空間を示す。作成・黄文雄。

心主義的天下国家観が生まれる。その具体的な政治体制として一君万民制が生まれ、唯我独尊の人物や独裁専制の体制も生まれてくる。オレだけが例外、中国だけが例外、皇帝がなくなってもその残像が残り、「人民専制」がつづくのだ。このような中心主義的独裁体制を維持していくには、つねに天下大一統主義でなければならない。そこで体制維持をはかるためには、富国強兵の強国主義でなければならないので、強国主義から大国主義意識が生まれてくる。

　中心主義的意識から生まれた唯我独尊の意識の中では自然的に優越意識が育まれ、この優越意識から生まれた種族意識が華夷《かい》思想である。中原という文明開化の地＝華は、周辺を南蛮《なんばん》、北狄《ほくてき》、東夷《とうい》、西戎《せいじゅう》などの四夷八蛮に囲まれている。そこから生まれた歴史意識が華夷史観である。

中華思想から生まれた政治的文化的優越意識が、力ではなく文化や道徳による政治の徳治《とくち》主義、王道思想＝人治主義となり、道徳主義になる。だが、徳治主義はあくまでも理論的な世界、空想的ユートピア世界にしか存在しない。だから、力による易姓《えきせい》革命＝馬上天下を取るという強盗理論の美化、あるいはそれに禅譲政治という化粧をまとうことが不可避となり、そこがすべての中国的「嘘」の根源となる。

「易姓革命」とは中国史に特有の表現なので付言しておくと、前王朝の悪徳君主は天に見放されたものであるから、天命により、有徳の士が新たに王位に就く。すなわち、天命が革《あらた》まって君主が交替し、王朝の姓が易《か》わることをいう。「禅譲政治」とは日本でもしばしば行われるから付言するまでもないと思うが、あからさまな権力の奪取は人心の糾合《きゅうごう》に失敗する恐れがあるから、前君主が自ら退任して新たな君主が王位に就いたと装うことである。

中華思想とは中華文化・文明の歴史的産物であり、それまた中国史をつくってきたものだ。中華史観は中華思想の歴史意識から生まれ、それまた嘘だらけの中国史を創出したのである。

2 なぜ日本精神があって中国精神がないか

日本には「売国奴」や「非国民」という日本国民として認知されない人間を指す言葉はあっても、中国人や韓国人のような「漢奸《かんかん》」や「韓奸」、台湾では「台奸」に相当する「和奸」「日奸」という言葉はない。それは日本人と大中華思想や小中華思想の国の国家意識や民族意識、そして歴史意識の違いからくるものではないかと、私はよく連想する。

もちろん「日奸」「和奸」という日本語がないのは、べつに日本人すべてが「愛国者」であるというわけではない。むしろ戦後日本では反日日本人が跳梁跋扈《ちょうりょうばっこ》している。だからといって日本人すべてが反日日本人の言説に同調、唱和、呼応しているわけでもないのだが、少なくとも彼らを「和奸」とは呼ばない。

それは日本人が政治的にはきわめて寛容で、中国人のように「生きている間に敵の肉を食うことができなければ、死後に敵の魂までを喰らう」ということもない。そこが「死を許す文明と許さない文明」の違いであり、日本人とは、人は死ねばすべて神となり仏となる、死者悉皆成仏《しつかいじょうぶつ》の歴史社会なのである。そもそも日本の古神道には善神も悪神もなく、和魂と荒魂《あらたま》をともに備える神だけがある。魑魅《ちみ》魍魎《もうりょう》が出没し、百鬼夜行の泥沼の人間関係となる中国人社会とはちがって、儒教のように勧善懲悪を鼓舞しなくてもすむのである。

中国には中国の哲学・倫理思想、あるいは諸子百家のような思想があっても、「中国精神」というものは存在しない。日本には「日本精神」という言葉があっても「日本思想」というものはない。日本思想史には仏教思想、末法思想などさまざまな独自の、きわめて日本的な思想があっても、日本人共有の「日本思想」はない。

そのような問題提起は、日本と中国との違いを知るのにはきわめて重要な視点の一つである。

もちろん、中国人にも「精神」というものは決して絶無ではない。国民党は重慶《じゅうけい》精神、共産党は延安《えんあん》精神をしきりに鼓吹《こすい》した。毛沢東の時代には「反動思想を整風」「模範兵士・雷鋒《らいほう》に学ぶ」や「農業は大寨《だいさい》に学ぶ」「工業は大慶《たいけい》に学ぶ」などの「何々精神」に学ぶ運動を極力鼓吹しても、笛吹けど踊らない。それは精神主義的キャンペーンにとどまった。

いかなる精神的学習運動でも、結局、一時の熱狂だけがあっても、すぐ冷めてしまうか、政治方針の変化につれて精神そのものが地に落ちてしまうのである。もちろん重慶精神も延安精神も追われて生きのびただけの敗走の精神であって、「三十六計逃げるにしかず」のような生き延びるだけの逃亡の精神がはたして「精神」と言えるほどのものであろうか。かりにこの精神鍛錬が身についたとしても、せいぜい情勢が不利だと見るとすぐ「早く、みんなで逃げろ！」となるに違いない。

中国にはたしかに儒教や道教など多くの思想があるが、二千年にもわたって儒教を国教にしても、共有の中国精神をもっていない。張作霖《ちょうさくりん》の顧問で、纏足《てんそく》まで中国の国粋だと主張した国粋主義者辜鴻銘《ここうめい》が「中国精神」や「中国魂」という題名の著書で自画自賛していても、せいぜい儒家思想の礼賛《らいさん》だけに止まった。中国人はやはり中華思想だけあっても中華精神はなかったのだ。

日本人は「日本思想」というものを共有しないものの、「日本精神」というものがある。戦後たしかに「日本精神」や「大和魂」は一時「軍国主義」や「日本帝国主義」の精神主義的代用語とされたものの、それはあくまでも反日日本人のルサンチマン（鬱屈）から生まれた、うらみつらみだけの罵詈雑言《ばりぞうごん》とイデオロギーにとどまり、日本精神は決して中華思想と同様視されることはない。

もちろん、日本にも最澄、空海、道元、日蓮など高僧たちのすばらしい仏教哲学や仏教思想があるが、ユダヤ教と同じく、それを「日本思想」や「日本教」として日本人が共有するものではない。日本人の魂といえば、やはり「日本精神」であり、「大和魂」である。

ではなぜ中国は、あれほど悠久の歴史文化があっても、共有する「魂」がないのだろうか。それはあきらかに中国人としてのアイデンティティの問題である。中国人とはきわめて世俗化した民族だから、精神や魂がないのも当然といえば当然であろう。神がいなければ心に宿る住処《すみか》もないわけで、神のいない人間に精神の存在場所もありえないのである。

中国がすでに百年も前から民族主義、民族精神を言い続け、育てようとしてきたものの、今日に至ってなおも民族主義や愛国主義の育成に狂奔している理由は、その中国人全体としての精神性の欠如からくるのではなかろうか。

3 「華」と「夷」の争奪史

官定「正史」の編纂にさいし、たとえば魏《ぎ》・呉《ご》・蜀《しょく》の三国時代や南北朝時代のような多国家分裂の時代にどちらが「正統王朝」であるか、よく論議や対立の的ともなっている。それは古代中国から「天に二日（日＝太陽）なく、地に二王なし」という天地は、「唯一者」のみが王たる資格をもつという絶対的な原則があるからだ。

もちろん建前と本音とは別もの。たとえば中国史は中華世界をめぐる「華《か》」と「夷《い》」の争奪史と見ることもできるのだ。

中華帝国の父・秦《しん》の始皇帝が中華世界を統一したのが紀元前二二一年であった。近代の中華民国と中華人民共和国の百年を入れると約二千二百余年の長さがある。秦以前の中国は先秦時代と称され、春秋戦国時代（前七七〇〜前二二一年）とそれをさらにさかのぼる「三代」と称される夏《か》（前一九〇〇頃〜前一六〇〇年頃）、殷《いん》（商《しょう》と自称、前一六〇〇頃〜前一〇二七年）、周（前一〇二七〜前七七一年）をも数えると、先秦時代のスパンはほぼ中華帝国時代以後と同じくらいの歴史時代になる。

この四千余年にわたる中華世界の諸種族、諸民族集団の興亡盛衰を検証すれば、中国史が中華世界をめぐる華と夷の争奪史であることがわかる。

春秋戦国時代以前の夏人、殷人、周人の流源については、古代史家の間でもさまざまな説があるが、私の中国古代史の研究では、中華＝夏華を代表する始祖の夏人はマレイ・ポリネシア系、殷人は南蛮のタイ系、周人は半牧半農の西戎《せいじゅう》系と推定する。

春秋戦国時代は、孔子が筆削した年代記『春秋』（前四八〇年頃）に記載された時代とその前後を「春秋」（前七七〇～前四〇三年）、それ以降、秦帝国の成立までを「戦国」（前四〇三～前二二一年）と一般に年代史では分けられるが、実態はともに諸侯が覇権争奪戦に明け暮れた中国史上最大の乱世であって、二つに分けることにはあまり意味がない。

そもそも黄河の中下流域の地は、中華世界の中心、文明開化の地として、中原《ちゅうげん》、中《ちゅう》土《ど》、あるいは「中国」とも称された。春秋の時代になって、西戎の秦がやっと中原の国として列強に認知された。この頃、中原にあったのが斉《せい》・晋《しん》・宋《そう》・秦であり、他方、長江中下流域を拠点として中原諸侯の脅威となったのが、「呉越同舟」「臥薪嘗胆《がしんしょうたん》」の諺を生んだ呉と越、その呉越を統合した楚《そ》の南蛮であり、晋と楚が覇権を賭けて戦っ

中国歴代王朝表

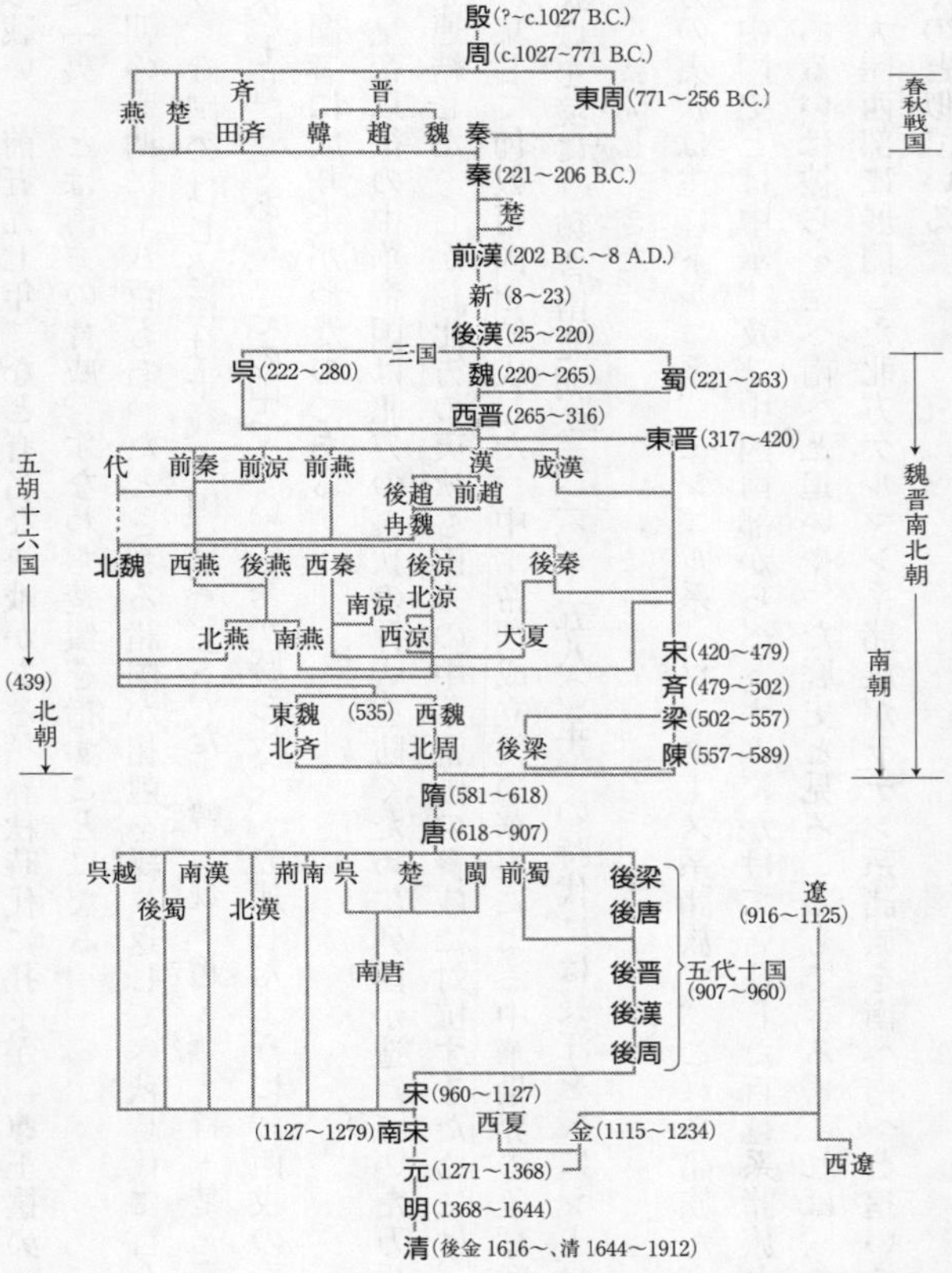

(吉川弘文館『歴史手帳 2007』を基に改訂)

た邲《ひつ》の戦い（前五九七年）など有名な決戦がある。春秋時代に孔子が「尊王攘夷」と唱えた「夷」とは南方の脅威、すなわち楚蛮を指すことになる。

　周王朝の盛期に千八百もあったとされる諸国が相剋を繰り返して春秋時代に百余国となり、戦国のはじめには十数カ国になっていた。韓《かん》・魏《ぎ》・趙《ちょう》・燕《えん》・斉・楚・秦が「戦国の七雄」であり、その中でついに秦が勝ち抜く。先述したように、西戎の秦が中華の覇者に成り上がったのである。

　秦始皇帝以後の中華帝国は北方の夷狄《いてき》の脅威を防ぐために列国が造っていた万里の長城を連結した。しかし北方の夷狄も南方の中華帝国の脅威に対抗するためには、諸族を糾集して匈奴《きょうど》帝国を結成した。中華帝国成立後の華夷による中華世界の争奪戦は主に長城を境に、魏晋南北朝（二二〇～五八〇年）の時代には長江を境にシーソーゲームを展開してきた。

　北方の夷狄は主にトルコ系、モンゴル系、ツングース系諸族で、これら諸族からすれば、中国史とは中華、及び中国南部からベトナムにかけて居住した百越系諸族との抗争、あるいは彼らを南へ南へと追いやった歴史と見ることもできる。これは、ユーラシア大陸西部に展開した北方ゲルマン系諸族がラテン系諸族を南へ南へと追いつめていくのと似ている。

そして、北方の匈奴・鮮卑《せんぴ》・氐《てい》・羌《きょう》・羯《けつ》などの夷狄が華北・華中一帯を支配した時代を五胡《こ》十六国（三一七頃〜四三九年）と称し（胡は北狄の意味）、それに続く南北朝時代（四二〇〜五八九年）に北朝と称されるのは鮮卑出身の北魏の諸族である。

このように華北・華中を支配したのは夷狄であったが、さらにそれ以上に、唐以降の契丹《きったん》人の遼《りょう》、女真《じょしん》人の金《きん》、さらにタングート人の西夏《せいか》が長江以北に勢威を誇ったのが重要である。つまり、彼らが元朝（モンゴル）を開く基盤をつくったからである。これが俯瞰的に見た華夷の歴史的南北対立の構図である。

そしてモンゴル人の元や満州人の清《しん》が全中華世界に君臨し、近代になって海からやってきたのが西夷の欧米と東夷の日本であった。中華世界をめぐる栄枯盛衰は、中国のいう「正史」だけではなく、このように華夷史観からもその史実を語るべきではないだろうか。

4 空虚な「一治一乱」史観

中国史について、学者から民間人に至るまで、もっとも定着しているのが「一治一乱」の史観である。

「一治一乱」という通俗的歴史観は、『三国志演義』の冒頭にある「そもそも天下の勢は久しく分すれば必ず合し、久しく合すれば必ず分する」という天下の治乱・分合のセリフからきたものと思われる。

『三国志演義』で語る「天下」とは、中華世界のことであるに違いない。しかし、もちろん中華世界の空間（範囲）は時代によって異なる。秦・漢や隋・唐、宋・明と清の時代では、その天下が異なるのも常識だ。

天下の「分合」や「一治一乱」はあくまでも中国史の現象であって、少なくとも日本史にはそういう現象が見られない。歴史の循環史観は中国史にきわめて顕著な現象ともいえる。

　ところで「一治一乱」の歴史は、中華帝国史の歴代王朝に限定するのか、それとも二十世紀清帝国崩壊以後の中華民国と中華人民共和国時代も、あるいはさかのぼって先秦時代にも適用するのだろうか。

　また、春秋戦国時代や呉・魏・蜀の三国時代から五胡十六国・南北朝に至る時代を「乱」と見るのは正確だろうか。

　春秋「五覇」（斉・晋・秦・宋・楚）の時代は現在のアメリカ一極時代に似た覇者の時代であり、戦国時代は南北対立の観点からすれば米ソ東西対立の二極の時代に似ている。このパワー・アンド・バランスをめぐる覇権争いの戦いと、唐の安禄山《あんろくざん》・史《し》思明《しめい》の安史の乱（七五五～七六三年）や黄巣《こうそう》の乱（八七四～八八四年）、あるいは歴代王朝末期の天下大乱のような悪政・酷政・大旱魃を起因とする反乱とでは、まったく社会状況も戦乱の性質も異なっているのである。

　さらに上古の中国は万国と言われていたが、時代とともに城邑《じょうゆう》（都市）国家が発達、春秋を経て戦国の時代になると、「七雄」と称されるようにますます統廃合され、領域国家となった。そして秦の始皇帝に至って一大帝国となった。それを「分・乱」と見なして、はたして「正しい歴史認識」といえるのだろうか。

　宋（九六〇～一一二七年）は北方夷狄の契丹人の遼、女真人の金、タングート人の西夏によって江南まで追いつめられて辛うじて南宋として生きのびたが、それを「分・乱」と見て、はたしてつじつまがあうか。その金も西夏も宋もモンゴル軍に征服され、フビライ・ハーンは「大元」王朝をつくった。フビライ・ハーンがつくったにもかかわらず、それも中国史の「合・治」というつもりなのか。

蒋介石の軍師で歴史学者でもある陶希聖《とうきせい》は、中国は五胡十六国、五代十国（九〇七〜九六〇年）の大分裂以後の千年来、ついに分裂がみられなくなったと『中国之分裂与統一』で述べている。また、極端なものでは、中国の真の統一は最大版図の清の乾隆帝《けんりゅうてい》（在位一七三五〜九五年）の時代だと、えんえんと統一と分裂の歴史を記述する論著もある。

日本の中国古代史研究で重きをなした貝塚茂樹京大教授の説によれば、秦帝国以後の中国は三分の二が統一期で、三分の一が分裂期であるというが、いったい「統一と分裂」をはかる基準とは何だろうか。

考えてみてほしい。唐帝国は安史の乱以後、実質的には藩鎮《はんちん》（地方軍閥）割拠、天下大乱以上の阿鼻叫喚《あびきょうかん》の地獄だった。それを「合・治」というのは無理があるだろう。「一治一乱」の史観は、史実から見れば空虚な幻影にすぎない。

5 「孔子」はすべての免罪符

日本でも「春秋の大義」や「春秋の筆法」ということばが愛用される。決して中国にかぎった歴史の愛用語ではない。

それは孔子（前五五二？〜前四七九年）が紀元前四八〇年頃に編纂《へんさん》したとされる『春秋』という中国史上最初の編年史からくることばである。孔子は『論語』でしきりに「仁」を強調しているが、それが転じて「義」や「大義」の意味ともなり、「仁」と「義」を併唱した孟子（前三九〇？〜三〇五年？）の時代から愛用された。

孟子は「孔子が『春秋』を作ったので乱臣賊子がこれを懼《おそ》れた」と語った。つまり「歴史」を、善悪を見分ける、あるいは勧善懲悪の「倫理学」にしたわけである。

孔子自身、「世の乱臣賊子に筆誅《ひっちゅう》を加えようとして『春秋』を書いた」と述べているが、しかしながら『春秋』以後の中国史は、乱臣賊子はまったく消えていないどころか、逆に時代が下るとともに世界でもっとも争乱の頻繁な社会に堕してしまったのが史実だ。

では、『春秋』とはいったいどういう「史書」かというと、孔子が整理編纂したとされる「魯《ろ》」という国の国史である。魯の隠公元年から哀公一四年の「獲麟《かくりん》」の記事に至るまで（前七二二～前四八一年）の編年体の記録である。

『春秋』は単独で刊行されることのほとんどない簡単な年代記である。だからこれを注釈解読しないと、その意味するところがわからない。この注釈本には、いわゆる『公羊《くよう》伝』『穀梁《こくりよう》伝』『左氏《さし》伝』の三伝がある。三伝とも孔子の門人、あるいは門人の弟子、さらに以後の学者による注釈やその注の注である疏《そ》から成り立っている。春秋三伝のうち『公羊伝』は最も批判が厳格であるといわれ、漢代に盛行、政治や裁判のさいによく引用され、『春秋』の真意を得たと考えられた。だが、真実を最も詳細に伝えるのは『左氏伝』とされ、後漢以後広く流行した。

儒教では、『春秋』の中にある簡単なことばでも孔子の歴史事実に対する深奥な理解と毀誉褒貶《きよほうへん》に対する厳正な批判が含まれているとし、これを「微言《びげん》大義」という。

公羊学に心酔した戊戌《ぼじゅつ》維新（一八九八年）の指導者康有為《こうゆうい》（一八五八～一九二七年）によれば、経書（儒教の経典。四書・五経や十三経の類）にある夏・殷・周の三代の王朝から文明は輝かしい足跡を残しているという記述は孔子の創作であり、実際にそんなものは存在しないという。そして彼は、中華文明の栄光はすべて孔子がつくったもので、儒学の基本の経典「六経《りくけい》」（易経・詩経・書経・春秋・礼記・楽経）も孔子がつくったものであると主張する。孔子は、上天《じょうてん》（天の神）が地上に降臨させた聖王であるとも言っていた。

彼は『新学偽経考』『孔子改制考』を著し、孔子は万世の師であり、社会改革者であると信じて疑わなかった。

その信念のもと、康有為は明治維新をモデルに青年皇帝光緒帝《こうしょ》（在位一八七五～一九〇八年）とはかって、一八九八年、戊戌《ぼじゅつ》維新（政治改革運動）を断行した。

この手法こそが「託古改制説」である。同様に、前漢を倒し「新」（八～二三年）を建て、儒教と国政を一体化した王莽《おうもう》の儒教千年王国も、この「託古改制」の手法である。

つまり、どんな荒唐無稽な内容でも、古代人がいったことを引用した上で自己主張すれば、それが免罪符代わりになって、すべてが免責となるのだ。これが中華文明の特徴の一つである。

そのため戦国時代に諸子百家は競って、古代聖王の伝説や逸話を引用あるいは偽造までして、自派にハクをつけようと努めた。

もちろん逆の立場であっても「春秋の大義名分」が立つ。「四旧打破」(古い文化・思想・風俗・習慣の打破)を掲げた文化大革命でさえ、「革命」の大義なら、「造反有理」「革命無罪」であり、さらに昨今の「反日有理」も成り立つというわけだ。

6　誇大妄想の元『資治通鑑』

『資治通鑑《しじつがん》』は中国ではよく読まれる歴史書で、『醜い中国人』で知られる柏楊《はくよう》氏訳の現代語版もある。私もよく利用する編年体の史書である。宋（北宋）の司馬光《こう》（一〇一九～八六年）が神宗《しんそう》（北宋の皇帝）の詔を受け、十九年の歳月をかけて編撰し、一〇八四年に成った。戦国時代はじめの前四〇三年から宋（北宋）の太祖即位の前年の九五九年に及ぶ千三百六十二年間を扱う、二百九十四巻の通史である。はじめは「通志」と名づけたが、政治の参考に資することができるという意味で、序文とともに『資治通鑑』の書名を神宗から賜った。

中国の教典や歴史書の例にもれず、『資治通鑑』に関しても多数の「注」が書かれた。南宋の史炤《ししょう》の『資治通鑑釈文』、元初の胡三省《こさんせい》の『音註資治通鑑』、王応麟《おうおうりん》の『通鑑地理通釈』などがある。

『資治通鑑』を継ぎ、補い、これにならった書も非常に多い。南宋の朱熹《しゅき》（朱子）の

『資治通鑑綱目』、遠枢《えんすう》の『通鑑紀事本末』、李燾《りとう》の『続資治通鑑長編』、清の畢沅《ひつげん》の『続資治通鑑』などが知られる。それだけ甚大な影響力をもったということであろう。

さて、ドイツ生まれの中国学の泰斗K・A・ウィットフォーゲルは、遼・金・元の三王朝を「征服王朝」と称し、中国の伝統王朝と征服王朝の歴史を分けた。東洋史家の岡田英弘教授の見方によれば、中華帝国の歴代王朝の中で、漢帝国以後の漢人王朝は後漢以外は宋と明のみであって、それ以外の正統王朝はすべて外来支配者であると述べている。

その岡田教授は、『資治通鑑』を中華思想・中国人の優越性を証明する産物としている。つまり、晋（西晋）王朝が滅ぼされてから宋王朝の成立に至るまで約六百年間、遊牧民出身の王朝の支配が続いたうえ、宋王朝ができたものの、北の契丹《きったん》（遼）帝国の武力の前に屈辱的な条約を結ばざるを得なかった。それゆえ岡田教授は、『資治通鑑』が宋時代の中国人の自尊心やアイデンティティの再建をめざしたものであるとして、こう述べている。

〈この情勢が、すでに六百年の非中国人王朝の支配下で傷ついていた中国人の自尊心に、さらなる打撃を加えた。「中国人」はここに及んで種族の観念になり、われわれ中国人は武力では「夷狄」に劣るが、文化では「夷狄」に勝るのだと主張したがるようになった。この主張がいわゆる「中華思想」であるが、この主張は事実に反する。どんな社会でも、支配階級のほうが被支配階級よりも高い生活水準を享受し、従って文化の程度も高いことは当たり前である。どの時代の中国においても、支配階級の「夷狄」のほうが、被支配階級の中国人よりも文化において優っていたのである。中華思想は、中国人の病的な劣等意識の産物であるが、この中華思想を歴史によって正当化し、中国人の優越性を証明しようとしたものが、宋の政治家司馬光の著書『資治通鑑』である〉（『世界史の誕生』ちくま文庫、二〇三頁）

たとえば、これは文明論者のA・トインビーの言葉とも照らし合わせることができる。トインビーは、遊牧民の文明と農耕民の文明を比べれば遊牧民の生活様式はより優秀である、まず動物を飼いならすことと植物を土地に馴染ませることを比べ、遊牧民の創意と意志は農民のそれとは全く違う、遊牧民は農民に比べ、より技術が高く、才能にも優れているという。中国の史実からみても、中国人は漢民族自身の統治時代よりも、モンゴル人や満州人の統治の時代の方が生活は豊かであり、幸福であった。

「天に二日なし」というのが中華世界唯一の天子たるものの大原則であるはずだが、実質的には、宋代の司馬光の時代に中華世界は、契丹人の遼の皇帝と漢人の宋の皇帝という、一つの天下に二人の天子がいた。

岡田教授によれば、中国初の史論『史通』を書いた劉知幾《りゅうちき》をはじめとする唐の史官たちは、隋・唐に先立つ南北朝時代の南朝も北朝も公平に扱って、いずれをも正統の皇帝と認めて記述していたのに対し、〈司馬光の『資治通鑑』では、一貫して、……江南の辺境の亡命政権である南朝の年号を使って、年代を表示している。年号は、時間に対する皇帝の支配権を表現するものだから、『資治通鑑』の書き方は、鮮卑《せんぴ》の北朝をキタイ（契丹）になぞらえて、その皇帝を偽物の皇帝として、正統性と認めることを拒否する。そして南朝は弱体であっても、宋と同じように中国人の王朝であるので、その皇帝だけを真正の皇帝として、正統と認めることを意味する。『資治通鑑』はこうした書き方によって、周代以来の正統が、秦・漢以後の歴代の王朝を通じて、宋に直接つながっていることを、中国人王朝の宋の皇帝だけが、中国を支配する正当な権利があることを主張したのである〉と指摘している。

さらに〈司馬遷の『史記』が中国という世界を定義したのに対して、司馬光の『資治通鑑』は中国人の種族観念を規定してしまった。こうした正統の観念と中華思想が結び付いた結果、これ以後の中国人は、ますます中国の現実が見えなくなってゆくのである〉（前掲書二〇四頁）と中華思想と正統主義との結合による誇大妄想の昂進を喝破している。

7　朱子学と陽明学の虚と実

朱子学《しゅし》と陽明学《ようめい》は、江戸時代の日本人の思想に大きな影響をあたえた中華思想の「かたまり」であった。他方、朝鮮文化にもっとも影響をあたえたのは朱子学である。だから朝鮮はそれ以来「小中華」になってしまった。「尊儒棄釈《そんじゅきしゃく》」「重文軽武」の国家になってしまったのである。

日本では朱子学は、林羅山《らざん》が徳川家康に重用されたのを手始めに国教的な地位を獲得したものの、ほかに仏教、神道、国学だけでなく、朱子学の天敵としての陽明学もあり、さらに江戸末期には実学としての蘭学も盛行していた。つまり、江戸時代はきわめて多元的な価値、思想が競演してダイナミックな社会をつくっていたから、日本は「小中華」にならなかった。それも開国維新の一大原動力となったのではないだろうか。

では朱子学とは何か。

そもそも儒教は漢（前漢）の武帝の時代に「儒家独尊」の国教となり、その他、百家（学派）がすべて排除された。後漢の時代になって、さらに「師《し》承《しょう》」すなわち弟子は師を越えてはならぬと決められ、弟子たちは儒教の教えを忠実に稽古することのみしか許されなかった。

しかし、表面的には儒教は三百余年にもわたって漢代の国教となっていたものの、後漢の崩壊・天下大乱とともに雲散霧消してしまった。魏晋南北朝・隋唐・五代十国の約七百年間は、中華世界だけでなく、中央アジアも東アジア全域も仏教の盛期ともいえる。

もちろん、隋・唐の間は、儒教の「四書五経」は完全絶滅までには至らなかったものの訓詁《くんこ》と注釈の学にすぎなかった。ほぼ同時代、約千年近くにもわたって、ビザンチン帝国で「聖書」が訓詁・注釈の学になったこととも酷似している。

だが、宋の時代になると「理と気」の学が流行《はや》り、新興の士《し》大夫《たいふ》＝官僚層の意識と教養を裏付ける、いわゆる儒教ルネッサンスが起こった。程頤《ていい》（伊《い》川《せん》）らが仏教の経典から盗み取った教理をもとに、儒学の古典用語によって伝来の儒教「経典」を書き直し、注釈をくわえた。その「理と気」の学を集大成したのが朱子（朱熹《しゅき》、一一三〇～一二〇〇年）である。

朱子によれば、宇宙万物はすべて「気」によって造られているが、その宇宙万物がしかるべき状態で存在し得るのは「理」がつかさどっているからだという。すなわち「理気二元論」である。朱子はこのような思弁論的思考を根底に、宇宙論から人間の倫理道徳論にまでいたる巨大な体系を構築したのである。これで新しく生まれ変わった「新儒学」が「朱子学」である。

ところで、朱子学を考える場合、それが生まれた時代背景が重要である。朱子が活動した南宋（一一二七〜一二七九年）は、宋（北宋）王朝が契丹《きったん》族の遼と女真《じょしん》族の金によって中原を追われ、江南に逃れて王朝を再建した国で、つねに淮河《わいが》以北を支配して侵攻を狙う金の重圧下にあった。この長期の緊張、国力の消耗、宰相秦檜《しんかい》による屈辱的な講和、虚構の平和、卑弱化した士風、眼前の安逸にすがる民族……こういう夷狄との対立が朱子学を生んだ時代背景である。

純理を重んじ、大義を尊《たっと》ぶ朱子は、時局を憂えて何度も上奏文を献じ、しばしば辛辣過激な舌鋒で論敵を難じたが、それは夷狄討伐、祖国復興の強烈な信念のゆえでもあったのである。

しかしモンゴル人の元の時代になって階級制が施行され、経典・詩文などを科目とする官吏登用試験の科挙が実質的に廃止されたため、ふたたび儒教受難の時代を迎えた。明代（一三六八〜一六四四年）に入って科挙が復活するとともに、朱子学が科挙の基準教学となり、朱子学者たちの「注」を集めた四書五経が国定テキストとされた。こうして朱子学が国教となったのみならず、続く満州人王朝の清朝もかつて「夷狄討つべし」と唱えた朱子学を国教とした。正統史観からすれば「夷狄の漢化」というわけである。

その朱子学一色の明代中期に、同じ新儒学でも反朱子学の陽明学が生まれた。提唱者である王守仁《おうしゅじん》（一四七二〜一五二八年）の称号・陽明の名を取った思潮である。王陽明の明代中期は、農民の貧富が拡大し、官僚による統治に代わって郷紳《ごうしん》と呼ばれる有力地主層が台頭し、社会が流動化しつつある時代だった。硬直化した朱子学に代わる新しい思想が求められる土壌である。

王陽明は熱烈な朱子学の学徒であったがこれに飽き足らず、若い頃に「陽明の五溺《でき》」として有名な任侠・騎射（武勇）・辞章（文学）・神仙・仏教の世界へ精神遍歴を重ねた。その後、「格物致知《かくぶつちち》」の朱子の解釈、「一事一物に格《いた》って（格物）その理を究める（致知）」は誤りであり、「理は物事に備わっているのではなく、物事を見る自分の心の中にあるのだ」という「心即理」、心がそのまま理であるという悟りにいたった。陽明はその心を「良知《りょうち》」と称し、ここから「致良知」「知《ち》行《こう》合一」「人間は生来良善」等々のテーゼが生まれた。彼の門下からは、朱子学者らと鋭く対立する者が続出するにいたるのである。

簡単に言えば、朱子学の特質が士大夫＝官僚層に道徳の学を実践させ、それによって民を感化して秩序を維持することにあるのに対して、陽明学は万人が聖人であるとして民衆の道徳的実践を称揚することに特質がある。

日本に入った陽明学は、それが生まれ広く流布した諸事情を捨象し、ただただ書物の内容を日本に引き寄せ、一般哲学・倫理学としてばかりか、陽明学を革命思想としても受容することになった。すなわち、権威・形式にとらわれない進取の思想、変革・決然実行の思想、心の鍛錬・死生一貫の思想、神道・武士道に相似する思想などとされた。

こうして中国陽明学とは別種の日本陽明学ができたのである。こういう事情は朱子学も同様で、朱子学は国家経営の思想とされた。

三島由紀夫は一九七〇年十一月の割腹自死に先立つ論考「革命の哲学としての陽明学」で、「陽明学は（中国に発した哲学であるが）、日本の行動家の魂の中でいったん完全に濾過され日本化されて風土化を完成した哲学である」と書いているが、まさしくその通りである。

ところが面白いことに、清朝末期から中華民国初期にかけて「明治維新に学べ」という時代風潮にともなって、この日本的に受容された陽明学が革命的実践哲学として中国に逆輸入され、孫文・蔡元培《さいげんばい》・蒋介石等々の革命志士たちを鼓舞したのである。

8　五千年の歴史はただの建前

「大唐帝国」と唐王朝の前に「大」をつけて唐帝国の歴史を語る歴史記述をよく見かけるが、それは決して正確ではない。大漢民族主義という用語は珍しくはないが、「大漢帝国」は「大唐帝国」よりもさらに使われていない。

じっさい中華帝国歴代王朝史の中で、「大」をつけたのは「大元」から「大明」「大清」の三代だけで、それ以前の王朝は「大」を自称していなかった。元・明・清の三代は、開祖の出身地名、主に「封国」の国号をとって王朝の号にしたのではなく、美称だからこそ「大」を付けたのである。

もちろん秦王朝以後の歴代王朝、たとえば、隋・唐や宋・明は、天下国家、いわゆる「世界帝国」あるいは「世界国家」だから、中国を総称する「国名」ではない。中国史の中で、たとえば春秋戦国や五胡十六国、五代十国など数多くの領域国家の国名があったが、歴代王朝は天下であって国家ではないから、王朝の号だけあればいいのである。

皇帝は天命を受けた天子として諸国を統率する。中国でいわゆる「国」や「国家」というのは、主に天子たる皇帝から諸侯や功臣へ与えた封国であり、日本や朝鮮のような国は夷狄の地が天子に統率されている朝貢国とされている。

中国史ではじめて「国名」を使用しはじめたのは、中華民国と中華人民共和国である。それは、二十世紀に入って、国政改革をめざす維新・立憲派と清朝打倒をめざす革命派の論争の中から、大元・大明・大清以来の命名法にしたがい、華夏、大夏そのほか多くの提案・主張の中から選んだのである。

中国歴代王朝にかぎらず、中華民国も中華人民共和国も伝説の三皇五帝（庖羲《ほうぎ》・女《じょ》媧《か》・神農《しんのう》（炎帝《えんてい》）の三皇、黄《こう》帝・顓頊《せんぎょく》・帝嚳《ていこく》・帝堯《ていぎょう》・帝舜《ていしゅん》の五帝）以来の正統なる後継者、後継国家として、五千年の歴史を誇ってはいる。だが、それはあくまでも建前であって、史実としては、たとえば春秋戦国時代のように周王朝は戦国七雄から見ればただの亡国寸前の弱小国であった。あるいは三国、五胡十六国、五代十国、宋・遼・金・夏などのように天下対峙・対立の時代も長かった。いったいどの国が「正統王朝」なのか、それが史書・史論の主テーマになったのである。

第1章 捏造される近代中国史

1 清も「征服王朝」だった

伝統的中華史観とは違って、遼《りょう》・金《きん》・元《げん》の三王朝は漢人以外に支配された「征服王朝」だと主張したのがドイツ生れのアメリカの経済史家・東洋学者ウイットフォーゲルである。

しかし、夷狄《いてき》の中国征服と支配について言えば、五胡《ごこ》十六国や南北朝の時代も、中華世界全域こそ支配しなかったものの、北方中原、つまり中国の原郷を支配・君臨していた。ことに満州人の清王朝は中華世界全域を征服したどころか、日本をのぞいて、東アジア大陸から中央アジアまで力をのばし、しかも三百年近くも君臨していた。

では、なぜウイットフォーゲルは契丹《きったん》人の遼や女真《じょしん》人の金やモンゴル人の元だけを異民族による征服王朝と認め、五胡や満州人にかぎってはそうでないというのだろうか。

ウイットフォーゲルによれば、遼王朝の中国支配は基本的には二元統治である。遊牧民の国・遼は自国領となった農耕社会・中国を州県制によって統治した。農耕社会と遊牧社会を本来の形で共存させ、両者固有の機能を生かしながら統治した。金や元も遼と似たような多元的行政形態をとった。

遼や金は中国の北方を征服しただけに止まったが、元は全中華世界を征服しただけでなく、徹底したモンゴル至上主義をしいていた。しかも征服王朝にふさわしい厳しい身分制度をしいて、当然モンゴル人を第一階級、西方諸民族を色目人《しきもく》として第二階級、北方の契丹人、女真人、中国人すなわち旧金王朝治下の人々を漢人として第三階級、南方の中国人は「南人」として最下位の第四階級として支配していた。

さて、先ほどの疑問に戻る。満州人支配の清と五胡を征服王朝としなかったのは、ウイットフォーゲルによれば「華化」、つまり中国の文化に同化されたからである。

中国の史家や文化人が国自慢の話としてよく主張するのは次のごとくだ。中国はたしかに一時的に軍事力の面で夷狄に屈したことがあった。だが、夷狄が中国に入ると逆に中華文化に征服された。もっとも哀れなのはモンゴル人だ。中国に入ってからの時間があまりにも短かすぎる（百年だけ）。だから中国文化に同化されなかった。つまり彼らが同化されなかった不幸を惜しみ、同情しているというわけである。

しかし、満州人の清は、モンゴル王朝の元と同じく満漢二重の統治で漢人を支配し、漢人であれば廷臣まで「家奴《かど》」と自称させられていた。つまり、中華文化に同化されたというよりも、清は東アジア世界の文化の完成者、統合者、超越者ではないのか。よく東洋史家と清王朝論を論ずることがあり、拙論に同調する学者もいるが、学会だけは異論を許さない。

2　「中華振興」とは中華帝国復活のこと

一九九〇年代に入って、中国が断行している「愛国主義・民族主義・中華振興」の教育があるが、「中華振興」とは具体的にはいったいどういうものだろうか。今現在では、具体的には経済力、軍事力の増強以外にはないだろう。ソフト・パワーは、孔子学院を拠点とする、いわゆる新儒教があるが、これはただ空疎な大言にすぎない。つまり具体的にいえば、中華振興とは、中華帝国の復活をめざすものである。

その「中華帝国の復活」をみるとき鍵となるのが清帝国の版図である。

清王朝は太祖ヌルハチから約三世紀近くにわたって東アジア大陸に君臨して、史上空前の大帝国を築いた。十九世紀中葉のアヘン戦争の後、清は国力が衰退、辛亥《しんがい》革命によって崩壊した。そして、中華民国の時代に入って、その清帝国の遺産をいったいどう処分すればいいかが問題の焦点になった。二十世紀だけでなく、今日に至っても東アジアではその遺産相続問題が紛争の種ともなっている。

清朝の最大版図（18 世紀）

辛亥革命後、崩壊した清帝国の遺産相続をめぐる内外の対立は主に三つの勢力レベルによって大分類ができ、さらに細分類もできる。

三つの勢力レベルとは、一つは中華民国の各派各系政府による、清帝国遺産の正統なる後継政府をめぐる争奪と、列強をはじめとする国際からの承認獲得戦。二つめは二世紀近くにわたる同盟や臣服したモンゴル人、チベット人、ウイグル人など諸民族の独立勢力や、満州の故地をめぐる五族共和・合衆国建国などをめぐる紛争。そして三つめは列強による、権益《けんえき》の死守から諸民族の独立や中華民国諸政府の内戦への加担、代理戦争あるいは人道的・道義的介入である。

たとえば日中戦争については、本質的には中国各政府各勢力の内戦に対する日本の人道的・道義的介入だと、「歴史を見る眼」から私はそう理解、認識、主張せざるをえない。清朝の解体を例外として見るのではなく、たとえばオスマントルコの崩壊やオーストリア・ハンガリー帝国の崩壊と同一史観で見るべきなのである。

中華民国は明王朝時代の伝統版図をほぼ相続したものの、清王朝最盛期に征服した諸民族の地を再征服するまでには至らなかった。人民共和国はチベットをはじめ、すべての清帝国最盛期に征服した諸民族の地の再征服に成功した。だが、周辺の異民族の地の再征服には成功したものの、かつての朝貢国の朝鮮、越南（ベトナム）、琉球などを属国化することはままならない。それらの属国化が中華振興の目標にもなっているのではないか。

3 孫文は辛亥革命を知らなかった

日本の教科書やテレビの歴史講釈は、辛亥《しんがい》革命の話になると、すぐ孫文を持ち出してくるが、それは日本の文化人や歴史学者をも含めて、歴史常識の無知からくるものである。しかし私は、その責任はむしろ中国の歴史捏造《ねつぞう》にあると考えている。

今現在、台湾の国会にあたる立法院の建国史紹介の映画は、冒頭の映り出しに必ず、孫文が白馬に乗って辛亥革命を指揮する画像が出てくる。立法院見学後に、私はよく同行の日本人台湾研修団に、この最初から最後までまったく嘘だらけの映画を講釈するのが習いである。日本文化人の中国に対する無知は、不勉強だからではなく、真面目に中国を勉強すればするほど「嘘ではないのはペテン師だけ」という「中国の嘘」の被害者になると同情するのである。

辛亥革命のきっかけとなった「新軍」による「武昌《ぶしょう》の反乱」は一九一一年十月十日(後に国慶節になる)、孫文はその三日後にやっとアメリカのデンバーで、現地の新聞を読んではじめてそれを知った。「白馬で駆けまわって革命を指揮する」ような話ではない。なお「新軍」とは清朝末期、漢民族の子弟を中心に日本軍を手本にして新たに編成訓練された清国の近代的軍隊である。革命同盟会の影響も強かった。

では「革命の指導者」のはずだった孫文がなぜ中国ではなく、アメリカにいたのか。それは彼が主役となっている革命同盟会の内紛によって追放同然で東京を去り、アメリカで隠居謹慎せざるをえない窮境に追い込まれたからだ。

内紛の理由には、孫文が固執する国旗・党旗の晴天白日旗と黄興《こうこう》が主張する井田旗という些細なことをはじめとする、革命路線の対立がある。革命浪人の孫文は、恵《けい》州《しゅう》起義（蜂起、一九〇〇年）から十回にわたる「辺境革命」をすべて失敗、だから「失敗の英雄」とも皮肉られる。

最大の内紛は金《かね》をめぐる孫文の公私混同による革命資金の私用などなど。金をめぐるケンカは中国人にとっては激越にして命賭けである。革命の主役の一人「民報」編集長の章炳麟《しょうへいりん》は陶成章《とうせいしょう》とともに「同志を見殺しにした罪」「全体の名誉を傷つけた罪」など三種十四項目もの「孫文の罪状」をあげ、文書を日本国内や南洋華僑に配布した。もめにもめた革命同盟会は実質上空中分解したのである。

そもそも革命同盟会は広東《カントン》人の興中会と胡南《こなん》人の華興会、浙江《せっこう》人の光復会など三派が、頭山満《とうやまみつる》や内田良平ら「支那革命」の支持者たちの工作で結ばれた三派連合であった。広東語、湖南語、浙江語は漢語の中でももっともむずかしい言語で、革命志士たち固有の自己主張の強い個性と言語不通が空中分解のもっとも根本的理由と考えられる。共通の革命目的があってもだ。

そもそも孫文は「孫大砲」（孫のホラ吹き）とも呼ばれ、口達者で募金の名人という定評があり、期待もされていたが、地球の反対側のアメリカで蟄居《ちっきょ》中に辛亥革命を知り、このまま座視していたら主役の座は奪われてしまうと焦燥していた。そこで資金集めで欧州をまわってから帰国すると詐称して、広東の旧同志たちに期待を抱かせながらも、資金調達に失敗。十二月二十五日にやっと徒手空拳で舞い戻った彼は、有名な「革命精神だけを持って帰った」との帰国声明を発し、みなを唖然とさせている。革命派の中で国際的知名度の役者が不足していた当時、あわてて孫文を中華民国臨時大総統に担ぎ出し（一九一二年一月一日）、袁世凱《えんせいがい》ら実力温存の北京政府の向こうをはったのである。

4 「革命史」は粉飾された歴史

日清戦争後、近代中国への歴史の歩みも加速した。この時期の歴史の主役は、次のごとくである。

アヘン戦争後の「中体西用」など清朝の体制変革の流れをくむ実力派の官僚、すなわち李鴻章《りこうしょう》、張之洞《ちょうしどう》、劉坤一《りゅうこんいつ》、袁世凱《えんせいがい》ら北京派の一大勢力。

若い勢力である康有為《こうゆうい》、梁啓超《りょうけいちょう》ら戊戌《ぼじゅつ》維新の流れをくむ立憲維新派。

孫文、黄興《こうこう》、章炳麟《しょうへいりん》ら革命派。

このうち立憲維新派と革命派の新生二大勢力は中国近現代史を動かす在野勢力であった。

じっさい辛亥《しんがい》革命後から蒋介石率いる国民政府軍の北伐完成・北京入城（一九二八年六月）に至るまでは、国際的な政府承認の取りつけをめぐっても、実質的国家権力のありかたを見ても、「北洋軍閥」や「北洋政府」の時代と語られているように、中国史の主役は南の革命勢力ではなく、北の軍閥による北京政権にあった。

しかしながら、ことに日露戦争後に日本の民間勢力は「支那革命」「支那覚醒」のための支援にきわめて情熱的であったがために、辛亥革命後の中国史をあたかも国民党史や共産主義革命史のごとく語ることが多い。

つまり、主役だったはずの立憲維新派の流れをくむ本流が逆に無視されてしまう傾向がある。「革命史」として語られる近現代の中国史は、歴史の流れから見れば、一つの偏見にすぎない。

このようなことは何も戦後日本文化人の「常識」にかぎらない。戦前でさえ中国国民党史からの影響が強かった。ことに中華民国史については、ほとんどが捏造《ねつぞう》だらけで、まちがいだらけだ。学校教育用の歴史教科書は「偽史」という一言につきる。そして、中華人民共和国の六十年史はそれ以上である。

辛亥革命は計画的なものではなく、湖北省の武漢三鎮《ぶかんさんちん》（漢口・漢陽・武昌）の一つ、漢口のロシア租界で革命派の工作員が爆弾を秘造している最中に爆発事故が起こり、あわてて決起した偶発的な革命であった。

この時に、武昌で新軍内部を工作し、挙兵を計画していた反孫文派の共進会、文学会の志士たちは官憲の手入れを受け、指導者が逃亡してしまった。後に残された新軍の革命派メンバーは切羽つまって「えぇい、ままよ」とばかり兵を挙げる。すると官憲側は砲声一発で逃げ出してしまったのである。一九一一年十月八日から十日にかけてのことである。

かくして武漢三鎮は簡単に革命軍の手に落ちた。そして逃げ遅れた新軍旅団長の黎《れい》元洪《げんこう》が強引に湖北革命政府の都督《ととく》に担ぎ上げられ、その名において全国に決起を呼びかけた。

武昌蜂起の勝報はまたたく間に二十四省のうち十四省の独立宣言を誘発した。しかしそれらの省で都督府を掌握していたのは革命派ではなく、清朝の近代改革を求めた立憲派や清朝の近代的軍隊である新軍だった。そのためどの省も官側の立憲派・新軍と民間の革命運動家との間で熾烈《しれつ》な権力争いが繰りひろげられ、さながら内戦のような状況を呈した。

このような混乱を収拾するために、清朝は北洋軍閥の最高実力者、袁世凱にすがり、袁もそれを好機に見返りとして総理大臣の座を要求、清朝の実権を掌握して事態の収拾にのりだした。

一方、革命軍側では、十一月七日に、むりやり担ぎ出した黎元洪をして、独立を宣言した各省に統一政権の樹立を呼びかけた。

当時「北の袁世凱と南の岑春煊《しんしゅんけん》（元四川総督）」といわれるほどの南の実力者もいたが、革命軍側は岑にふりまわされたので、あわてて国際的に知名度の高い孫文を担ぎ出し、中華民国臨時政府を組織して北京政府に対抗したのである。

5　中国革命史から消された日本人の支援

中華民国政府以後、日本についての歴史教育はたいてい反日一色で、しかも時代とともに歴史捏造がひどくなる一方である。民国の時代よりも人民共和国の時代でさらに深化して、徹底的な「日本の侵略」一色の教育となる。満州事変（九・一八国恥）やら「八年抗戦」、はたまた反日日本人が創作した「十五年戦争」まで取り入れ、唱えられるようになった。さらに一九九〇年代の江沢民の時代に入ってからは、「日本の中国侵略」は日清戦争からさらに琉球処分（一八七八年）、維新後の牡丹社事件・台湾出兵の一八七四年へと遡っていくようになる。

一方で、日清戦争から中華民国の建国に至る過程で、もし日本の支援がなかったら中国近代の国造りは、はたして可能であったかどうかという「歴史の真実」については、ほとんどと言えるほど抹消されている。

近代日本の志士たちがいったいどれほど不惜身命《ふしやくしんみよう》で「支那革命」「支那覚醒」に命

を賭けたか。この史実を、いかに抹消するかが、むしろ近現代史教育の方針となっている。たとえば辛亥革命を支援した日本人としては、孫文の忠実な「部下」とされている宮崎滔天《とうてん》が残されたぐらいのもので、梅屋庄吉や頭山満《とうやまみつる》、犬養毅《いぬかいつよし》らとの関係などはすっかり消されてしまっている。

一言にいえば、もし政治、経済、軍事、教育、文化に至るまで明治の民間人有志の支援がなかったら、近代中国の国造りは不可能と断言できる。

辛亥革命だけに限定してその経過を見てみよう。革命軍の主力は「新軍」でなければほとんどが不可能といっても決して過言ではない。というのは、ナポレオン戦争後、戦争の立役者は徐々に火力の強い砲兵に移っており、中国でも「太平天国」以後、農民革命やカルト集団の蜂起の時代はすでに終わっていたからである。

孫文が率いる広東系の革命志士たちだけでなく、湖南、浙江系の革命諸派諸系の志士たちの主力はたいてい緑林《りょくりん》（匪賊）と幇会《ほうかい》（チャイナ・マフィア）が中心だった。砲兵隊としてプロの軍事訓練を受けた新軍が決起しないと革命政権の樹立は不可能な時代である。孫文が十回蜂起して十回失敗した理由はここにある。

だから孫文の革命戦略が批判され革命同盟会各派の指導者から追放された後、革命の方針は新軍の蜂起を促すべく「革命の大義」を説得する工作が主流となっていく。

そして、辛亥革命以後の時代になると、日本陸士出身の将校と日本陸軍の将校が訓練した清国の新軍が戦争の勝負を決定する時代となった。革命派の志士たちは本質的には烏合《うごう》の衆というだけでなく、最低限の作戦地図さえ書けなかった。

だから辛亥革命の武昌蜂起の影の主役は、一八九八年から五年間、湖広総督である張之洞の招聘を受けて漢口の武備学堂（士官学校）で湖南の新軍建設を指導した陸軍中佐大原武慶《たけよし》だといえる。彼が革命軍の幕僚となって作戦を立案したのである。さらに湖北陸軍の顧問として現地にいた寺西秀武《ひでたけ》中佐も革命軍の現場作戦指揮官として作戦を指揮した。

各地の戦場では、日本人の志士たちだけでなく、日本人居留民まで中国の革命志士たち以上に熱をあげて革命戦争に参加、戦死者も多く出た。当時、元老の山県有朋《やまがたありとも》は、頭山満、犬養毅ら「有隣会」の支那革命への参加と支援を阻止しようとした。しかし、頭山と犬養の二人まで辛亥革命を支援した以上、北京の最高実力者、袁世凱は、大勢はすでに決したと革命政府の樹立を容認、その代わりに清朝から実権を強奪したのである。

6 孫文はじつは革命の疫病神

孫文が国父（建国の父）と呼ばれるようになったのは、蔣介石が中国の奥地四川《しせん》省まで逃げた後の重慶政府時代以後で、一九四〇年代からのことである。その後、孫文の虚像は、南京政府、重慶政府、延安政府の三政府の対立・鼎立《ていりつ》の中、さらに再燃した国共内戦を経て、中華民国の台湾亡命政権によっていっそう神格化されていく。それは「革命ならず」と最後に遺言を残した孫文でさえ想像しなかったことだろう。

では、なぜ孫文でさえ予想外かというと、じつは孫文を大総統とする南京の臨時革命政府は三カ月ももたなかったからである。孫文は北京の袁世凱に政権を売りわたしたさい、中華民国初代大総統の袁世凱を「中国のワシントン」（国父）と礼賛、みずから袁政府の鉄道大臣となり、西太后の特別列車にのり、美女群をつれて全国鉄道旅行を楽しんだのだった。

なぜ、南京臨時政府が三カ月ももたずに北京政府に吸収合併されたのかについて、私が小・中・高の歴史教科書で教えられた、いや作られた「美談」があった。孫文は革命で「功成り、名遂げる、先んじて身を退く」という古代聖賢の「禅譲」の徳にしたがい、大総統の位を野心家の袁世凱に譲ったのだというのである。じつに歴史捏造、いや歪曲、嘘ばかりの歴史創作だ。

孫文ら革命派の南京臨時政府は、政府資金も軍資金も不足していた。そのため、満州の売却話やら、武漢の製鉄会社「漢冶萍公司《かんやひょう》」ほか、招商局鉱山、鉄路などすべての国有財産を抵当にして列強に借金を申し込んだ最中にも、革命軍が占領した拠点さえ間もなく北方の袁軍に奪い返された。

たとえば満州まで日本に売却する交渉をしても、山県有朋から、満州はすでにわれわれの手にあると拒まれた。つまり「空売り」だけでは列強の相手にされなかった。国債を発行しても臨時政府への信頼度は未確立だから、金は集まらなかった。

国際的には列強から国家の承認をもらえなかったうえに、革命同盟会時代の内紛が再燃、やはり孫文の金の問題で政府内部の章炳麟《しょうへいりん》ら反孫文派から「売国行為」が追及され、政府は空中分解した。そのために、孫文は袁世凱政府の幕下に走らざるをえなかったというわけだ。

孫文の革命を見るかぎり、辛亥革命はほぼ清朝に謀反する反乱に終始し、中華民国以後の孫文の行動もほとんどが政府への反乱だった。

つまり一生のほとんどを「内乱の元凶」として生涯を終えている。辛亥革命前には十回の決起とも失敗に終わり、民国以後も革命につぐ革命にあけくれ、北京政府に反乱して、広州で三度にわたる反乱の軍政府をつくっても、いつも内紛で終わってしまっているのである。しかも広州で市民大虐殺まで行い、世界的にも類例を見ない苛斂誅求《かれんちゅうきゅう》の重税政府をつくった。

不思議なのは、彼が関与しなかった辛亥革命、第三革命の雲南蜂起だけは成功したことだ。だから革命浪人というよりも革命の厄病神に思われた。北一輝の書いた『支那革命外史』と大川周明の『三民主義批判』を読むと、孫文の思想的混乱と滑稽な革命の理論が分るような気がする。

私の長年にわたる孫文研究で一つの大きな発見がある。「ドン・キホーテ」の小説に似ている魯迅《ろじん》の代表作『阿Q正伝』は孫文革命をモデルとするものではないのか。私は魯迅とエドガー・スノーの対話から得たヒントで、タブーとなっている孫文評伝に当たる『国父と阿Q』を台湾で出して大きな話題となった。

なぜ孫文の革命が滑稽で中華民国争乱の元凶になったかということについて考えると、それは孫文の人間観からくるものではないのか、と私は類推連想する。孔子は人間を君子と小人に二分したが、孫文は「先知先覚」「後知後覚」「不知不覚」と三分する。自分こそ「先知先覚」者だと錯覚、その孫文生来の「中華思想」が民国争乱の源ではないだろうか。

7 中華民国史は一国多政府の内戦史

中国史は一治一乱の繰りかえしが特色の一つだという史観がある。確かに、たいがい王朝の末期には必ずといってよいほど、天下大乱になる。

では、辛亥革命後の中華民国の時代とはいったいどういう時代なのか。中国史から見れば、それは中国史上空前の戦乱の時代であったというのが史実である。

十九世紀以後からの山河崩壊という自然環境悪化の昂進がもたらした社会の崩壊とともに、史上空前の内戦があったからだ。たとえば一九二七年からの六年間で、水害・旱魃《かんばつ》の天災だけでも全国住民の四分の三が被災し、餓死者は年に数百万人は珍しくない。満州事変当時の西北大飢饉は餓死者一千万人を数えた。

そういうわけで流民は各地で徘徊《はいかい》していた。匪賊は全国で推定二千万人、正規軍の約十倍もあった。だから満州国が中国流民の王道楽土になったのである。

そのような社会背景の中で内戦につぐ内戦が繰りひろげられた。

袁世凱《えんせいがい》の流れをくむ北京政権は、段祺瑞《だんきずい》の安徽《あんき》派軍閥と呉佩孚《ごはいふ》や曹錕《そうこん》が率いる直隷《ちょくれい》派軍閥との安直戦争（一九二〇年）、その直隷派軍閥と張作霖《ちょうさくりん》の奉天派軍閥との奉直戦争（一九二二年と二四年）など北洋軍閥の内戦で走馬灯のように変わっていく。反袁の二次革命後、政権から遠ざかった革命浪人の孫文は、南方の各反北京勢力を糾合して、三度も広州で軍政府をつくって（一九一七年、二〇年、二三年）、自ら大元帥と称しながら北京政府の向こうをはっていた。それでも南方各派各勢力の内紛と内戦は際限なく昂進していく。

国民党内の蔣介石系、李宗仁《りそうじん》・白崇禧《はくすうき》の桂（広西）系、馮玉祥《ふうぎょくしょう》系、閻錫山《えんしゃくざん》系など各派各系革命軍閥が北伐をめざしながらも、武漢政府vs南京政府、南京vs北京、南京vs広州など各派各系が勝手に全国人民を代表すると称する政府をつくって、抗争には際限がない。最大の国民党内戦は蔣軍vs反蔣軍の「中原大戦」（一九三〇年）で、双方合計百五十万人を動員、戦死者は三十万人も出た。国際的にも著名な文学者林語堂《りんごどう》によれば、この国民党内戦七年間の抗争だけでも死者は三千万人だという。

この数字がどこまで信憑性《しんぴょうせい》があるかどうかは別として、この国民党内戦だけでなく、一方では共産党内部の内戦もあった。中国共産党も各地でソビエト政府を樹立しながら、国共内戦の最中でも共産党内部の血の粛清と内訌《ないこう》（内部抗争）が建党時代から絶えることがなかったのである。それはさらに文革の終結に至るまで半世紀にもわたって繰りひろげられたのだ。

日本まで巻き込まれた日中八年戦争も、最終的には蒋介石の重慶政府、毛沢東の延安政府、汪兆銘《おうちょうめい》の南京政府による新「三国志演義」として繰りひろげられた。終戦後に再燃したのが国共内戦である。中華民国史とはまさしく一国多政府の内戦史ともいえる。

8　蒋介石はなぜ日本陸士卒と学歴詐称したか

戦前と戦後では、日本陸士（陸軍士官学校）出身についてのイメージはまったく違っている。それは戦前ではエリート中の超エリートである。

日本陸士卒の軍人は日本近代史だけでなく、近代アジア史の主役と言っても決して過言ではない。清末の新軍（八旗軍・緑営・団練に代わる近代洋式軍隊）だけでなく、中国の近代警察制度でさえ日本陸士の出身者がつくった。清末から中華民国まで、すなわち中国からの日本陸士留学制度が中止に至るまでの間に、中国から千人以上の陸士出身者が出た。そのほとんどが中国軍界の将領など重鎮にもなっていた。

革命派から軍閥の主役に至るまで日本陸士出身者が多く、たとえば第三革命の雲南蜂起で反袁世凱《えんせいがい》帝制を主張した主役、民国を守った人気の英雄蔡鍔《さいがく》は日本陸士卒、蒋介石最大のライバルの一人で山西王といわれた閻錫山《えんしやくざん》は陸士から陸大（陸軍大学校）卒のエリートである。日露戦争後の日中の武力行使や、民国の内戦でさえ日本陸士出身の将領が主役を担っていた。

こういう時代の背景下では、孫文が亡くなった後、孫文の後継者として民国の天下をめぐる覇権争奪戦で政・軍界の覇者となった蒋介石までが、日本陸士出身を詐称《さしょう》せざるをえなかった。そうでなければ、そうそうたる名将勇将の政・軍界の中では蒋の重みはかなり割り引きされる。権威と名声を確立することさえむずかしいからだ。

二〇〇〇年、台湾の民進党陳水扁《ちんすいへん》総統の時代に流出した蒋介石の「国民身份証」の学歴（最終）欄は「日本士官学校卒」となっているが、それは嘘である。じっさい「日本士官学校」という名の学校は存在しない。「日本陸士」の誤りらしい。多くの蒋介石の伝記にはたいてい「日本陸士出身」と書いているが、さすが産経新聞社の『蒋介石秘録』（サンケイ出版、一九八五年）は日本陸士卒のことには触れていなかった。しかし、日本の文化人はたいてい「日本陸士卒」と書いたり、「認識」している人が多い。

蒋介石は袁世凱や孫文以上に民国の中心人物といえるので、伝記や関係著書は数え切れないほどある。私は九〇年代に入ってからよく、孫文をはじめ蒋介石ら民国の主役たちの実像についての著作をたのまれたが、日本で上梓《じょうし》した『蒋介石神話の嘘』（明成社）もその一つである。

蒋介石については「神話」が多く嘘も多い。日本陸士の予備校であった成城学校に蒋志清と名乗って入ったことは確認できたが、陸士には入れなかった。日本陸士に入れなかったので新潟の陸軍第十三師団の野砲兵第十九連隊、二等兵実習生（士官候補生の説もあり）として約一年間の兵卒生活を過ごしただけであった。なぜ陸士に入れなかったのかについては、さまざまな政治的な理由も伝えられている。

天下人になろうとして、あるいはなった後でも、まわりの政敵、閻錫山《えんしやくざん》、孫伝芳《そんでんぽう》は陸士六期、無二の戦友張群《ちょうぐん》も陸士十期、部下の何応欽《かおうきん》、谷正倫《こくせいりん》、賀耀組《がようそ》も陸士十一期と陸士出身者が数多くいた。

そのため蒋は陸士六期卒と詐称、陸士同学総会の会長劉宗紀《りゅうそうき》（陸士六期）に同学会の経費として五万元を寄付し、会長が追及されたと、宿敵の一人である李宗仁《りそうじん》の回顧録にある。

天下人である蒋が学歴詐称までして「日本陸士卒」にしつこくこだわり、国民に知ってもらいたいこと自体、日本陸士卒という肩書がいかに中国人の憧れであったかを物語るものではないだろうか。

9 孫文は中華民族主義の反対者だった

一九八九年の「六・四天安門事件」の後、鄧小平が腹心の趙紫陽《ちょうしょう》を切って棄て、代わりに登場した新しい国家指導者が江沢民である。江沢民がマルクス・レーニン・毛沢東主義に代えてもっとも力を入れた教育が、「愛国主義・民族主義・中華振興」の三点セットである。

以来、盛んに流布されているのが、いわゆる「中華民族主義」である。五十六もある漢族と非漢民族を一つの「中華民族」と総称するので、「中華民族」の前に「大」をつけ、「大中華民族」とか「大中華民族主義」と冠するものも多い。中国人はなんでもかんでも「大」をつけるのが大好きなのだ。

そもそも「美」の語源は「大きな羊」からくるもので、大きいことは美しいことであると思われている。ことに「大中華」や「大中国」はよく「小日本」と対比されることが多い。

ところで、日本の文化人、学者でさえ「中華民族」や「中華民族主義」を中華民国建国の父孫文の「新造語」あるいは「首唱した」と説く者もいるが、それは大きな誤解であり、誤認でもある。そもそも孫文は中華民族主義の反対者だった。

中華民族主義の主唱者は、じつは孫文ら革命同盟会の論敵で戊戌《ぼじゅつ》の変法（維新）の指導者、保皇《ほこう》党（皇帝、皇帝制度を支持する派閥）といわれる維新派の康有為《こうゆうい》であり、その主張に唱和したのが弟子である近代中国の大天才梁啓超《りょうけいちょう》である。康梁師弟は祖先伝来の華夷の区別に反対し、孫文、章炳麟、魯迅らの「韃虜《タタール》を駆逐し、中華を回復する」と主張する明王朝の流れをくむ「大漢民族主義」に反対した。ちなみに「韃虜」とは、モンゴルの意だが、中国では満州も含めて北方の民族を蔑称することもある。康有為の民族説によれば、世の中には純粋な種族はなく、「純粋の漢族もなければ、純種の満州族もいない。中国人は数千年にわたる諸民族との交流と同化によって、すでに雑種の民族になっていた。満州人も黄帝の子孫である。だから漢・満の境界線を区別するべきではないという。

また、次のように続けていう。易姓革命の中国では、五千年も続く文明の諸々が全て保存され、ただ王朝の姓氏が変わるだけである。それは「君統が亡びるだけであって、亡国とはいえない」。だから中国はかつて亡びたことがなく、満州人も異民族ではないので、民族革命を唱え、漢土を恢復《かいふく》することを主張するものはまったく根拠がないと唱えたのである。

ひるがえって、そもそも辛亥革命前の孫文が強烈な大漢民族主義者であったことはよく知られている。一八九四年にハワイで、孫文が「参加」した支那革命の母体である興中会の入会誓詞《せいし》にも「韃虜を駆逐し、中華を恢復する」と言明していた。一九〇五年に東京で結成された興中会、華興会、光復会の革命三派連合による革命同盟会は、孫文が翌年に発表した建国大綱の革命方略にも「韃虜を駆逐し、中華を恢復する」ことを掲げていた。同盟会結成前にわざわざ東京から横浜に会場を移して、中国の亡国（明の滅亡）二四二年の記念集会まで強行したのである。一九〇六年十二月の「民報」創刊一周年記念大会の講演で、孫文はあいかわらず少数異民族支配の排斥、漢族の政権奪取、中国の民族主義は種族革命から出発すべしと、漢族国家の樹立を主張していた。

しかし一九一一年十月十日に予想外の辛亥革命が突発した。孫文は南方革命派に臨時大総統としてかつぎだされた後、やむをえず主力の立憲派の漢・満・蒙・回・蔵の五族協和論に同調、大勢に順応して「五族一家」と公言しつつ、「大中華民族主義者」に転向せざるをえなかったのである。

10 中華民族主義はアンチ・ナショナリズム

近代ナショナリズムは一民族一国家が理想である。ところが実際は一民族一国家は日本、韓国、北朝鮮、ポルトガル、デンマーク、アイスランドなど少数国家にかぎる。アジアの国々の中で、たとえば中国は五十六の民族、ベトナムも五十以上、ビルマ（ミャンマー）はもっと多い。さらに多いのはフィリピン、インドネシア、インドである。

もちろんそれは新興の国民国家にかぎらず、近代国民国家の元祖であるイギリスもイングランド人、ウェールズ人、アイルランド人、スコットランド人から成り、フランスもフランス人以外にブルターニュ、バスク、コルシカ人から成る共和国。ラテンアメリカはアメリカ合衆国とは逆にラテン系人が多数派の国家であり、それが近代国民国家と近代ナショナリズムの現実である。

いわゆる植民地主義も社会主義も、国民主義もナショナリズムも理想と現実が異なる。中国も古代から華夷思想が強く、近現代に至るまで中華思想のコアとして残っている。だが、西風東漸《せいふうとうぜん》、西力東来《せいりきとうらい》後、中国にも近代ナショナリズムが生まれつつあった。

ではそれはいったい、いつごろ生まれたのか。

そもそも華夷思想の強かった国だから近代ナショナリズムも華夷思想の影響が強く、二つのはっきりした潮流がある。明王朝の流れをくむ大漢民族主義と、清王朝の流れをくむ五族協和主義の流れである。

清朝は満州人の漢人に対する異民族支配だと喝破したのが、十九世紀中葉の太平天国軍であった。その「奉天討胡」の檄文《げきぶん》に「われ思うに天下は中国の天下にして、胡《こ》虜《りょ》（夷狄）の天下にあらず、衣食は中国の衣食にして胡虜の衣食にあらず」と指摘、「十数万の満州人が五千余万人の中国人に弁髪《べんぱつ》、胡服《こふく》を強制、中国の制度、言語を奪った」ことを論じ、種族・民族革命の大義名分を唱え、太平天国を樹立した。

辛亥革命前の維新立憲派と革命派による、大中華民族主義と大漢民族主義の論争はじつに激しかった。

梁啓超は「中国の民族は複数民族が混合したもの」と主張したのに対し、革命派は「中国民族の別名は漢族である」（陶成章）、「満州人は中国人にあらず」「中国の歴史は漢人の歴史」「中国は中国人の中国であり、満州人の中国ではない」（鉄生）と主張した。

しかし、立憲派と革命派との激越な民族主義論争は、辛亥革命を境にコロリと変わり、孫文をはじめとする革命派が主義主張の利害損益を計算した後、競って大中華民族主義に転向して、清帝国の遺産相続を強く主張しはじめたのだ。

孫文は大中華民族主義者に変身した後は「五族協和」を唱え、多民族をひとつの「中華民族」に統合するのが「王道の自然力」と主張、一九二四年の国共合作後、少数民族は数が少ないから漢族に同化すべきと、大漢民族主義以上の超大漢民族主義に変わった。

そして、一九三八年四月の国民党臨時全国大会では、「中国領内の各民族は歴史の進化によって融合して一つの国族となった」と宣言された。漢族や蒙族はただ中華民族の中での「宗族」や「支族」にすぎないと言い張ったのだ。

しかし、中華人民共和国の成立以後、共産党は「世界革命・人類解放・国家死滅」をめざして、大漢民族主義にも地方民族主義（非漢族の民族主義）にも反対した。だが、プロレタリア階級をもってしても民族や宗教を克服することができなかったので、大中華民族主義の高唱に回帰せざるをえなくなった。

中国がずっと高唱しつづけてきている中華民族主義とは、実質的には非漢族を漢化・華化する同化主義で、ナショナリズムとまったく逆方向のアンチ・ナショナリズムでもあることがわかる。

第2章

身勝手に飾られた現代中国史

1 人民解放軍は正義の軍隊どころか強盗軍

日本では、少なくとも一九八九年の六・四事件＝天安門事件に至るまでは、「人民解放軍」といえば「人民の軍隊」そして「正義の軍隊」として、悪の象徴とされる「軍国主義」の「皇軍」とはきわめて対照的なイメージで語られている。レーニンは戦争を「正義の戦争」と「不正の戦争」に二分するが、人民解放軍のイメージは、「世界革命」をめざす解放戦争という観念をもとに、日本のメディアが意図的につくりあげたプロパガンダの象徴である。

この日本の人民解放軍のイメージは、中華人民共和国成立後の中国国内プロパガンダからの産地直送である。ところが、国共内戦の敗者、台湾の国民党政府の教育によるイメージは中国や日本とはまったく逆だ。それは「極悪非道」の「虐殺」と「掠《りゃく》奪《だつ》」の「匪《ひ》軍」として流布され、中国は「水深火熱」の地獄だと教えられていた。

敵対者同士の立場からすれば、正反対のイメージになるのは、むしろごくあたりまえのことである。だが、日本が冷静にして客観的に中国を見ることができなかったということでもあるので、日本のメディアはやはり恐ろしい。

人民解放軍が毛沢東の軍隊になったのは、共産党が一九三四年に国民党軍に追われておこなった脱出と組織の再編、いわゆる「長征」の途中で開催された貴州遵義《じゅんぎ》会議（一九三五年一月）で毛沢東が軍権を掌握し、新しい根拠地延安に入ってからだ。

つまり、一九二四年の第一回国共合作後、一九二七年の紅軍の創設からは、周恩来の指導下で朱徳《しゅとく》や澎徳懐《ほうとくかい》らが軍の実力者だった。だから人民共和国以後でも、台湾ではなおも中国を「朱毛匪邦」（朱徳・毛沢東の土匪の国）と、朱徳の名は毛沢東の前にある。

人民解放軍は、毛沢東の「三大規律・八項注意」を遵守《じゅんしゅ》する「人民の軍隊」として日本でも有名である。いまだに「革命を成し遂げた軍隊」という憧憬を抱く人も多いだろう。

だがそれは中国政府が建国後に作った神話であり、それを日本の進歩的文化人が何の検証もせずに受け売りしただけの滑稽な話なのだ。

一九二七年八月に誕生したとされる共産党軍（紅軍）は、別名「共産土匪軍」とも呼ばれた。当時井崗山《せいこうざん》に走って匪賊と合流した澎徳懐指揮の「工農紅軍第三軍団」などは、まさに「土匪軍」と形容する以外ない者たちだった。一九二八年六月十三日、同軍は鉄鉱石の鉱山で有名な大冶《たいや》県城を占領して大掠奪を行い、監獄を破って囚人を解放した。このとき住民はすでに避難していて城内はからっぽだった。そして土匪軍は鉄鉱・石炭・セメント会社にそれぞれ二十万元を要求したのだから、まさに強盗である。

毛沢東の説明によると、紅軍には大勢のルンペンが加入しており、みなが「流賊思想」を持っていたのでどうしようもなかった、という。ちなみに一九三〇年における紅軍みずからの調査によれば、同軍は五八％の貧農、二七％の兵卒、四％の労働者、そして一一％のルンペン・無頼漢などで構成されていたという。革命軍の体《てい》など、まったくなしていなかったことは共産党自身が認めているのだ。

中国民衆が兵隊になる動機は、略奪ができるから、そして飯が食えるから、というものだった。そのような「吃飯《きっぱん》（飯食い）主義」は共産党軍もむろん例外ではない。延安時代に三万（全国合わせて六万）の兵力だった共産党軍が、日中戦争の八年間で百万人にまで膨れ上がり、戦後の国共内戦初期には五百万～六百万人と際限なく膨張した背景には、この「吃飯主義」がある。共産軍が大きくなるに比例して、彼らの略奪規模も拡大した。

共産軍（人民解放軍）の略奪は建国後も止まるところを知らず、一九五〇年以降の三反《はん》五反《はん》運動あたりでは、地主に対する清算闘争は残虐きわまりなく、被害者は百万、千万人単位と増え続けた。三反とは汚職・浪費・官僚主義に対する闘争、五反とは贈賄・脱税・資材の盗用・材料のごまかし・経済情報の盗用に対する闘争を指している。

戦後日本人の「人民解放軍」に対するイメージとはまったく違って、中国国内では人民解放軍は「八路《パールー》」と呼ばれた。「八路」とは日中戦争中に、国共合作の中で「国軍」と改称された「第八方面軍」の略称である。ことに少数民族（非漢族）地域では八路軍によってずいぶん虐殺、掠奪された。八路軍のいないところは「天国」だと思われた。台湾は国民党支配下の地だから八路軍はいなかったわけで、だから「台湾は好いところ」と憧れていたのだ。

改革開放後、中国人でも「解放軍」へのイメージが徐々に変わっていく。中国人は人民公社という禁欲的僧院生活から解放されて、「欲望最高、道徳最低」とまでいわれ、「向銭看」（軍隊の「前向け」号令と同音語にちなむゼニゲバのこと）が全民運動になってしまった。軍部は特権などを利用して軍営産業を創業、兵士まで動員して路上で軍服のまま製品販売とセールス活動に狂奔したので、軍と民が対立関係になり、解放軍のイメージは悪化の一途を辿っていく。

朱鎔基《しゆようき》総理の時代には軍営産業廃止の代わりに軍拡を続けた。今現在、億万長者の中で軍人が八〇%を占めるといわれるほど、あいかわらず特別な存在である。

2　日本軍に勝ったのは人民解放軍という嘘

中華人民共和国は人民解放軍がつくった、もし人民解放軍がいなかったら人民共和国は生まれなかっただけでなく、存在も不可能だという中国共産党の主張は正しい。「政権は銃口から生まれる」というテーゼは「馬上天下を取る」という易姓革命の歴史法則と同じく、中国的真理と認めるべきだ。

だが、「八年抗戦」は「人民解放軍」と「日本軍国主義」との「抗日戦争」であり、国民党軍はただ重慶まで一途に逃げ延びただけである、日本軍と正面から向きあって勇敢に闘い、勝利をえたのが人民解放軍だという説は、正確ではないというよりも嘘である。

近年、国共両党の利害が一致し、再び国共合作して台湾併呑《へいどん》という目的も生まれたので、たまには八年抗戦中の国民党軍の役割を認めることもある。だが、主流意見では相変わらず八年抗戦は人民解放軍がした、あるいは主力だったという「歴史認識」

を正しいこととし、改めていない。

では、日中戦争中に、はたして人民解放軍の前身である「八路軍」と「新四軍」が本当に日本軍と戦ったのか。ゲリラ戦はじっさいどう行なわれたのか。

共同抗日のための国共合作後、毛沢東は「中日戦争はわが党にとって最好の機会である。わが党が決めた政策は七分が自己発展、二分が国民政府との妥協、一分が抗日だ」と指示している。では本当に「一分が抗日」という真実があったのだろうか。

一九四三年四月八日、何《か》応欽《おうきん》は蒋介石の命令を受け、陝西《せんせい》省西安近郊の臨潼《りんどう》で西北軍事会議を開いた。そして、当時共産党員五十万人を擁するまで自己増殖し、華北各地に根拠地を拡大していた共産党軍を掣肘《せいちゅう》するため、第八戦区副総司令・胡《こ》宗南《そうなん》を「剿共軍《そうきょうぐん》総司令」に任命し、六十万の大軍をもって陝甘寧《せんかんねい》辺区（陝西、甘粛《かんしゅく》、寧夏《ねいか》辺境地帯の根拠地）を包囲させた。六月には黄河防衛部隊も西進し、九路に分かれて延安を包囲した。いわゆる蒋介石の第三次反共攻勢である。

国民党の主張によれば、共産党軍は国共合作後に国民政府軍事委員会によって改編され、閻錫山《えんしゃくざん》の指揮下に入り、山西省北部の対日作戦に従事すると決められていた。しかし共産党軍は民兵を募集し、勝手に地方政府をつくって階級闘争を推進し、独自に貨幣まで発行して金融の統一を乱したというのだ。

ことに、日中戦争の初期、一九三七年九月の平型関《へいけいかん》の戦闘で日本軍補給部隊を待ち伏せ急襲して予想外の戦果を得た共産党軍は、所定の戦区から出て各地で根拠地作りを始め、国民党軍を攻撃しながら、もっぱら勢力拡大ばかりに夢中になった。

なお、閻錫山は日本の陸士出身のエリートで、山西モンロー主義で知られる反蔣派の代表的人物、いわゆる「山西王」である。かつての北京政府の主席で、蔣介石と戦った中原大戦の主役でもあった。日中戦争中は、蔣介石勢力が山西に一方的に入り込んでくることを恐れ、抗日・抗蔣・反共の姿勢をみせ、三勢力と合従連衡《がっしょうれんこう》しながら中立を保持した。事務所にはつねに日本の天皇、蔣介石、毛沢東の写真を用意し、交渉相手に応じてそれぞれ使い分けたという。

終戦後、共産党は連合国軍にも嫌われた。連合国軍の命令により、蔣介石の国民党は百二十五万五千人の日本将兵を送還したが、共産党軍は察哈爾《チャハル》、河北、山西、山東、蘇北地方で日本軍三万人近くを抑留したほどだ。彼らのなかには、終戦後十年を経た一九五五年以降にやっと釈放、帰国を許された者もいる。

蔣介石は著書『蘇俄在中国（中国の中のソ連）』のなかで、戦後の国民政府の国家再建に対する共産党軍の破壊行為を列挙している。数百回もの交通路の破壊、黄河の決壊、河北・山西・河南の鉱場の爆破、五百余回もの山西省一帯の工場破壊、農村市鎮の焼き討ち、人民の虐殺、青少年の強制連行、支配地盤の拡大、貨幣乱発による国家幣制の破壊などなど……。いったい、本当に中国人民の平和と安寧を乱したのはどの軍隊だったのだろう？

戦後は「国民党より共産党」の声が強くなり、あたかも抗日戦争の主役は共産党軍だったかのような言説が流布されている。その影響で、日本人が戦後に書いた研究書の多くが、中国共産党製の抗日英雄譚《たん》や作り話だらけになり、国民党の活動については研究から打ち捨てられてしまった。

しかし国民党側の記録を見れば、当時の共産党の実態がよくわかる。共産党軍は、「抗日はすべてに優先する」「蔣委員長の徹底抗日を擁護する」とのスローガンを繰り返していたが、それは口先だけで、本当にやったことといえば国民党の抗日戦を妨害し、組織を拡大し、実力を蓄え、政権奪取を企てるのみだった、としている。国民党の政治部長・陳誠《ちんせい》は当時の演説で「八路軍は周遊するだけで攻撃しない。延安に負傷兵が一人もいないことがその証拠である」と不満をぶちまけている。

実際、共産党軍には、「情況不利なれば戦わず」「地形不利ならば戦わず」「必ず十二分の勝算なければ戦わず」という「不戦の三原則」というものがあった。

日中戦争中、共産党軍に背後から襲われた蔣介石軍は数多《あまた》ある。河北民軍総指揮官・張蔭梧《ちょういんご》の部隊約一万九千人、軍事委員会別働隊第五縦隊司令・秦啓栄《しんけいえい》の部隊、河北省政府主席・鹿鐘麟《かしょうりん》の警衛部隊、そして石友三《せきゆうさん》の部隊などだ（全滅も含む）。

何応欽将軍の記録では、「八年抗戦」中に行なわれた日本軍との合戦は二十二回、戦闘は千百十七回、小戦闘三万八千九百三十一回、戦死傷者および行方不明の官兵は百三十九万九千五百十七人に達している。しかし国民党側の指摘では、平型関の奇襲戦と、いわゆる「百団戦役」という抗日戦初期（一九四〇年）のゲリラ戦の二つ以外、共産党軍の抗日戦争なるものはほとんど机上の兵談のみなのだ。

3 日中戦争は「新三国志演義」だった

日中戦争は戦後六十七年間にわたり、一部では「八年抗戦」と通称されてきた。時には、中国でも「国辱」とされる、いわゆる「九・一八事変」（満州事変、一九三一年）から数えて「十五年戦争」という反日日本人の間でしか流布していない説に便乗して、「十五年戦争」という文字だけが踊る表現もあるが、なかなか流行らない。

また、六・四天安門事件（一九八九年）後の九〇年代から、日清戦争よりもさらに古い一八七四年の牡丹社《ぼたんしや》事件を機に起こった台湾出兵、琉球処分などの時代に遡って、八十年戦争、百年戦争などの独創的日中戦争論を売り出そうと試みる「新鋭」の学者もいるが、それほど売れていない。

豊臣秀吉の征明（朝鮮出兵、一五九二年）を持ち出したり、さらに遡って唐・新羅《しらぎ》との白村江《はくそんこう》の役（六六三年）から数えて日中千年の「不和の歴史」やら「千年戦争」の創出に挑戦する勇ましい人もいるが、これも今一つ売れていない。それは「歴史」

よりもむしろ「小説」だといいたい。

明治維新直後の台湾出兵も琉球処分も、日清戦争も満州建国もそれぞれの「戦争と平和」があり、英仏の百年戦争ほどの連続性は見られない。じっさい「八年抗戦」でさえ、日中両国軍の本格的な「戦争」は一九三七年七月七日の蘆溝橋事件から十九カ月目の三九年一月二十七日の武漢三鎮（武昌・漢口・漢陽）陥落で終結したといえる。

中国の「大歴史」から見れば、「八年抗戦」は十八世紀末の白蓮教《びやくれんきよう》の乱以来百余年にわたる内戦の一駒として、むしろ南京の汪兆銘政府、重慶の蔣介石政府、延安の毛沢東政府の三強が三つ巴で展開していた「三国志演義」の再演と見るべきだ。

戦争の本質から見ても、これは中国の長期にわたる内戦の質的変化である。辛亥革命後は北京政府をめぐる北洋軍閥の内戦と広州政府をめぐる南洋軍閥の内戦という国民党内の主導権争奪をめぐる横の戦争から、国共内戦の階級闘争をめぐる縦の内戦へと変質していくのである。

だから、私から見た日中戦争は「侵略戦争」や「帝国主義間の戦争」というよりも、日本が中国の内戦終結のために行った人道的・道義的介入と加担である。そして南京、重慶、延安三政府の「新三国志演義」の競演は、日米ソの代理戦争という性格がきわめて強いと改めて指摘せざるをえない。

そして、南京・重慶は地政学的あるいは歴史幾何学的には呉・蜀にあたるが、延安が加わると魏・晋の再現へと変わっていくことになる。

長江文明vs黄河文明の衝突と摩擦は中華帝国以後もつづいていたのであり、南から蒋介石が率いる国民革命軍の北伐と北京政府の打倒があり、その後、南北の抗争は反蒋の内戦でもつながっていく。だから、第一回国共内戦の終結後、共同抗日の「八年抗戦」中でさえ新たな内戦が日中戦争終結に至るまで繰りひろげられた。東北は満州建国で独立したが、日支事変後、華北各地には「察南自治政府」「普北自治政府」「蒙古連盟自治政府」さらに「蒙古連合自治政府」「冀東《きとう》防共自治政府」ができ、ことに北京で成立した「中華民国臨時政府」は実質的には反南人の政府であった。やがて汪兆銘の南京政府ができ、新しい三国時代（三政府時代）へと展開していくことになった。

では、「八年抗戦」という建前の背後では、国共両軍は本当に「共同」抗日したのだろうか。共産党側の指摘では、国民党軍は一九三八年十二月から翌年十月までだけでも百五十余回もの「摩擦」を引き起こし、そのうち二十八回の軍事攻撃をうけた。

一方、国民党側の資料によれば、四〇年十月までの一年間で共産軍から三百九十五回の襲撃を受けている。

じっさい四一年一月の皖南《かんなん》事件で新四軍九千人は国民党軍に殲滅《せんめつ》された。四三年には延安まで胡宗南剿共軍総司令の六十万大軍に包囲攻撃され、一時延安を放棄せざるをえなかった。共産党軍は延安時代の三万（全国で六万）の兵力から、終戦までの八年間だけで百万人にまで膨れ上がる。

汪兆銘の南京政府が成立したのは一九四〇年三月であったが、葉剣英《ようけんえい》（十元帥の一人）の「中共抗戦一般状況紹介」をはじめ各資料の数字を見ると、重慶政府軍からの帰順将兵の総数は八十万人にのぼった。同じく帰順した将領は六十七人にも達している。

そして、終戦前後に共産軍に殲滅された南京政府軍は二十万人以上にのぼった。中央人民政府人民革命軍事委員会の「関于抗日戦争時期中国人民解放軍的第五個統計材料」によれば、終戦までに殲滅または捕虜にした南京政府軍兵士は累計百万人を超えるという。

これらの数字は若干誇張されているものの、「新三国志演義」で展開された南京、重慶、延安三政府の激しい戦争をうかがい知ることができよう。

4 「日中戦争」終結後に悲劇は始まった

一九四五年八月十五日、「日中戦争」は終戦を迎えた。

満州はソ連軍の侵攻をうけ、終戦後もソ連はアメリカに対して北方の島々から南下して北海道を占領する了解をもとめたが、拒否された。そもそも、南モンゴルまで侵攻したソ連軍は日本軍に撃退された。支那派遣軍はその日を境に、ずっと優勢を保ちつづけたのである。

また、蔣介石も毛沢東も重慶や延安まで追いつめられたにもかかわらず、逆に日本の敗戦になった。じつに不思議で納得のいかない軍人は多かった。

蔣介石政府は四つの援蔣《えんしょう》ルートに頼ってやっと生き残った。それだけではなく、毛沢東の延安政府も同様に連合軍の援助に頼っていた。欧米は持久戦の観点から見ても中国は日本以上に不利と分析し、経済的軍事的支援がなければ、蔣政府は日本と単独講和することもありうるとした。そこでアメリカは日米戦争に苦戦を強いられながらも、否応なく蒋介石政府の援助要求を飲まざるをえなかったのである。

じっさい蒋介石政府は重要都市と経済の中心地域をほとんど失っていた。にもかかわらず、日本が日米戦争に敗れたことによって生き残った蒋・毛両政府も「戦勝国」ということになった。「惨勝」と自嘲《じちょう》しながらも、毎年の八月十五日になると「抗日戦争勝利」の祭典を大々的に行い、すでに六十七年を迎えたのである。

しかし、「八年抗日戦争」に「惨勝」でも、終戦直後から「八年抗戦」以上の悲劇が襲いかかったのが史実である。それは、「倫陥区《りんかんく》」（敵区）に対する蒋介石の重慶軍の略奪であり、人民解放軍の「解放区」の拡大とそれにつづく国共内戦であり、そして人民共和国成立後から文革に至るまでの三十年間にわたる「清算闘争」である。

「八年抗戦」は字句のイメージからすれば、あたかも八年にわたる戦争の時代と錯覚されるが、じつはそうではなかった。広大な中国大陸は空間的にも時間的にも戦争あり、平和あり、であった。十八世紀末の白蓮教の乱以来、約一世紀半以上にわたる内乱に比べ、この「八年抗戦」中にはじつは匪賊の跋扈《ばっこ》も内戦も終息に近づきつつあり、満州国に続き華北と華中でも治安が確実に確立され、近代建設が本格的にスタートした時代でもあったのだ。

つまり、終戦とともに山奥の重慶からやってきた国民党軍が、あたかも戦勝国のように南京政府の統治地域、いわゆる「倫陥区」に対し、掠奪を欲しいままにしたことによって悲劇が始まったのである。いわゆる中国の四大家族（蒋介石、宋子文《そうしぶん》、孔祥熙《こうしようき》、陳果夫《ちんかふ》・立夫《りつぷ》兄弟）が接収した資産は、近代工場をはじめ全工業資本額の約七〇～八〇％にのぼるといわれる。共産党軍も勢力拡大をつづけ、次の国共内戦に戦える軍事力と経済力を手に入れた。

国共両軍の「倫陥区」の掠奪によって、戦勝中国がどう変わったかというと、まず悪性インフレが昂進した。終戦の重慶政府の「解放」によって、たった八カ月間だけで、民衆生活の基本である米価がまたたく間に五百倍に跳ね上がったのである。

それにつづくのが、国共内戦というさらなる悲劇である。国民党の党内内戦の七年間だけで三千万人の死者が出た。国共内戦の犠牲者は不明だが、国民党軍だけで八百万人を消滅したと共産党軍は誇称した。もちろん悲劇は人民中国になっても続く。大躍進の失敗だけで六〇年代の初頭に三千万人が餓死。これには五千万人の説もある。それにつづくのが「動乱の十年」（十年酷劫）といわれる文革である。

5　なぜ毛沢東は日本皇軍に感謝したか

日中外交が正式に樹立されたのは一九七二年九月、田中角栄首相訪中の時である。それ以前、日本は戦後からずっと中華民国を中国を代表する政府として承認していた。中華人民共和国との往来はほとんど私的な友好人士や友好商社、あるいは友好の革命的戦友「社会党」によって独占されていた。「子々孫々までの友好」の大合唱やら、過去に対する「反省」や「謝罪」が日中友好に欠かせないパフォーマンスとして演出されていたのである。

一九六四年といえば東京オリンピックの年であった。その年にずうずう弁で人気者だった社会党委員長・佐々木更三《こうぞう》が率いる訪中団が毛沢東と面会したさい、儀礼にしたがって、例のごとく日本の大陸侵出の「過去」について「謝罪」表明を行った。もちろん社会党に限らず、訪中の友好人士はみな、初対面のあいさつ代わりに中国人に謝罪し反省の意を表明するのが一つの儀礼だった。

そんなころ、毛沢東はこう言っていた。

「日本軍国主義は中国に大きな利益をもたらした」

「日本皇軍なしには、我々は（政権を）奪取することができなかった」

たいていの日本人、いや学者でさえも、毛沢東が日本の軍国主義侵略に感謝の言葉を口にしたというのは、皮肉なことのように思っているだろう。だが、それは「中国への認識不足」からだ。

毛語録や毛沢東全集を読んだ人ならたいてい感じることだが、毛沢東は良くも悪くも思うままに言いたい放題で、ずばり頑固一徹、しかも反面教師としてものごとをとらえ、巨大な視野で政治を考え、語る。ことに毛沢東の詩詞は奔放不羈《ふき》である。

中国人は地方によって、日本の県民性の違いを遥かに凌駕《りょうが》して、それなりの強い個性をもつ。今でさえも「北京人愛国、上海人出国、広東人売国、香港人無国」といわれるほど、国家意識さえ異なるのだ。決して、ただの諧謔《かいぎゃく》だけではない。

毛沢東は個性の強い楚《そ》人（湖南人）で、呉人（上海人）と越《えつ》人（広東人）とはかなり違う。楚人は頑固一徹で、毛沢東がその代表的な性格だ。めめしく狡猾《こうかつ》にして平気で人を裏切る呉人（上海人）とは違うのだ。その地方的な性格がほとんど数千年経っても変わらないのも、それまた中国人の超保守的な性格である。約二千五百年前の春秋末期に呉越の争いがあったが、呉越同舟は絶対できないことについて、今でもその怨念が上海人と広東人との間で深く、強く心の中で生き残っている。

日本人学者でも、中国人にひそむ歴史的な深層心理という微妙なところを見ていない。なぜ毛沢東は田中角栄首相に難解と思われる『楚辞』（楚の文章の意。屈原《くつげん》の愛国詩を中心に編まれた詩集）を贈ったのか。毛沢東は青年時代のころに、なぜ当時の連省自治派（中華連邦共和国派）以上に「湖南共和国」など「各省人民自決主義」を強く唱えたのか。彼の楚人としての性格から見ていないので、日本の中国専門家が毛沢東の『楚辞』贈呈の意味を読解するさいの高論卓説も、じつにめちゃくちゃなのである。

国共内戦後、敗れた国民党系の亡命者はどっと台湾に流れ込んできている。この小さな海島で、中国各地からの流民の抗争が渦巻く中で、台湾人は楚人、呉人、越人など十人十色の地方性を日常生活を通じてよく知るようになった。それは「研究」を通してではなく、日常生活の学習から身にしみこんだものである。学者の冷静にして客観的な「学的」の眼をはるかに超える体験的直感からの人間学であろう。水泳や柔道、剣道のように身に憶えたものである。

呉人の周恩来、越人の葉剣英、蜀人の鄧小平とは違って、楚人の毛沢東は彼なりの世界観と歴史観がある。たとえばその他の国家指導者と違って、「台湾問題」についてキッシンジャーに「台湾よりももっと大きな世界問題がある。現在はそれをしばらくアメリカに預けているが、百年後には台湾は自然に中国のもとへやってくるだろう」と語った。

毛沢東は中国の自然と社会については漠然とした「地大物博」ではなく「一窮二白《いちきゅうにはく》」(経済的困窮と文化的空白)の認識があり、社会主義建設はゼロからのスタートがよいという考えもあった。

一世紀半以上にわたる中国の内戦は、日本軍の大陸進出によって終結したのも史実。それは日本にかぎらず、中国有史以来の天下大乱はたいてい北方夷狄の中華世界への君臨によって終結していた。モンゴル人の元と満州人の清の中国征服史もそうだった。中国の歴史循環論からすれば、それは蒙古人と満州人がつくった「昇平世」であり、「太平世」であろう。

日本「軍国主義」はたしかに満州人・蒙古人のような中国の再生や転生までには至らなかった。とはいっても、日本軍国主義云々という毛沢東の発言は、「中国侵略」を「反面教師」としてだけとらえるのではない。逆説的にいえば国共共同抗日の契機をつくり、各派各系の武装勢力の標的を共通の敵日本に向かわせたというだけにとどまらない。

すなわち毛沢東は「七分勢力拡大、二分対国府妥協、一分抗日」という党略から党利を得た。延安まで追いつめられた紅軍を、「抗日戦争」を通じて三万人から百万の人民解放軍にまで拡大し、国共内戦に勝ち抜いた。これが毛沢東の言の真意であろう。

社会党党首をはじめとする友好人士の裏をかいて、逆に日本軍国主義に謝恩したのは、時流と時勢に媚《こ》びない毛沢東の歴史の眼によるものだ。

6 中華民国が亡国した根本的理由

現在台湾にいる中華民国政府を認知しているのは二十カ国前後しかない。国家かどうかについては、つねに国際政治の問題として、また国連をはじめとする世界組織では国家承認問題として、二十一世紀の世界で語られている。

だが、中華民国は二十世紀初頭の辛亥革命後、清王朝の後継国家として歴史上に存在していたことは史実である。他方、歴史としてではなく、実在として中華民国は果たして存在しているかどうかについて、つねに中国政府から「政治問題」とされつづけているのも現実である。

中華民国はすでに「亡国」し、国連の中でも「中華民国」の名をそのままに中華人民共和国がとって代わり、安保常任理事国にもなっている。

北京政府が蔣介石の南京政府によって武力で打倒されたさい、辛亥革命時代の長老の一人である章炳麟《しょうへいりん》は「中華民国はすでに亡国」と亡国宣言したことがあった。国共内戦後、南京政府が中国大陸を追われ、引退宣言したはずだった蒋介石は急に、中華民国は亡国と公言、台北で新しい中華民国を再建した。そして彼は法統と道統、つまり武力否定という前提で法的正当性と清の雍正帝《ようせい》が強調した「道徳的正統性」を援用したのである。

かつて中国大陸に存在していた中華民国はすでにそこには存在しない。「亡国」と見なすのは現実としてはそう見るべきで、人民共和国政府は革命政権といえどもすでに六十年以上も経っている。たしかに台北の中華民国政府が大陸沿岸になおも金門、馬祖の二つの島を残していても、だ。

ではなぜ中華民国が亡国したのか、あるいは台湾まで逃げのびて、小さな島にしか生き残れないのか。

追われて逃げて生き残るという国家や民族は、人類史上決して珍しいことではない。中国でさえ古代から多くの史例がある。たとえば、晋が北方の五胡に追われて中原から江南まで逃げのびて南朝の「東晋」となる。同じく宋は女真族の金に追われて江南まで逃れて「南宋」となる。同じく金に追われた契丹人の遼は西に逃れて「西遼」となる。陸から追われた中華民国は島にまで生きのびて、「中華民国在台湾」ということにもなろう。

では、中華民国はなぜ国家として陸で四十年近くしか生存できなかったのか。中華民国は近代国民国家としての「国のかたち」をめざして、中華帝国に代わろうとして、国造りをはじめた。だが、二千年以上にもわたる中華帝国という伝統的な風土に「国民国家」を打ち建てるのはじつにむずかしいものだったのである。

たとえば北方夷狄が中華世界に入り、中華世界に君臨したといえども、遊牧帝国から徐々に農耕帝国として変質をせざるをえなかった。歴代の夷狄王朝はたいていそうだった。

中華民国にかぎらず、人民共和国でさえ、「中国的特色をもつ社会主義」つまり皇帝制度の別称としての「人民専制」以外には国として成り立たない。毛沢東の中国も鄧小平以後の中国もそうだ。

再言すると、中華風土からすると、「国民国家」という「国のかたち」に変えるのは、絶対不可能と言っても決して過言ではない。

辛亥革命後、南北勢力が合流して一つの政府になった北京の袁世凱大総統でさえ「帝制」復活志向である。張勲《ちょうくん》の復辟《ふくへき》（清朝再興）というアンシャン・レジームがあり、連省自治派vs統一派の戦争があった。南からの北伐後、中国は一つになっても、それでもさけられなかったのは国民党の内戦であり、それに国共内戦が続く。だから中国内部には政府が多すぎて、歴代王朝の易姓革命後とほぼ同じカオス状態、つまり群雄決起の復活となる。それは中国の歴史法則ないし歴史の罠にはまったのではないだろうか。

日本は開国維新後、文明開化・殖産興業が成功して近代化に成功し、列強までになった。中国はアヘン戦争後の近代化運動である自強運動（洋務運動）は「中体西用」（中国を主体に西欧技術を用いる）という「かたち」ですすめられ、結果的には文化的（ソフト）の面でも物質的（ハード）の面でも挫折、日本とほぼ同時に近代化を断行しても、中国は成功しなかった。

近代国民国家は「近代化」が必要不可欠な課題であった。少なくとも政治の民主化、経済の産業化、文化の自由化、社会の合理化などなどが必要で、また法治国家であることも不可決だった。

少なくとも社会が安定しないかぎり、近代経済は不可能に近い。しかし中国はすでに述べてきたように、ずっと多政府の内戦国家としてカオス社会がつづく。当時日本の政治家が指摘していたとおり、国家としての体《てい》をなしていない。その指摘は今でも傾聴すべきだ。

そもそも中国とは一つの天下であって国家ではなかった。辛亥革命後、むりやり天下を国家にすることが近代中国争乱の元凶となったのである。

中華民国が亡国、少なくとも陸から島へ逃れてしか生き残れないもっとも根本的な理由は、まさしくそこにある。

7　欲しい領土すべてに及ぶ「中国は一つ」

「中国は一つ」という主張は、有史以来か伝説時代の三皇五帝以来かは別として、少なくとも秦漢帝国以後の中華帝国歴代王朝の正統なる後継国家として、すべての中華帝国の遺産を相続する権利をもつことになる。つまり、「中国は一つ」と強く主張するのも、それなりの理由がある。

だが、中華人民共和国は成立したものの、中華民国は完全に消滅してはいない。海島まで追いつめられても、全中国大陸を実効支配できなくても、「法統」と「道統」を主張しながら、やはり「一つの中国」を主張し、「二つの中国」「一つの中国、一つの台湾」をはじめ、北京政府と同じく「一つの中国」以外のいかなる主張にも反対した。

この「一つの中国」問題はもちろん中国にかぎらず、朝鮮・韓国・中国の朝鮮族自治区自治州のコリアも、小中華にとっては「一つ」である。アラブは一つ、イスラムは一つ、ラテンアメリカも一つという主張もあるが、建前と本音、理想と現実とは、主義主張や言論の世界とはまた異なっている。

そもそも「中国は一つ」とは、中国古代の「天に二日なく、地に二王なし」という唯一絶対者の世界観からくるもので、もっとも執拗に主張するのが正統主義を強調する『資治通鑑《しじつがん》』であった。

では、中国は、ほんとうに「一つの中国」のみが理想なのだろうか。

「中国は一つ」という主張については、ここ半世紀このかた人民共和国と民国双方の国力の変化により、実質的には台湾vs中国の「一中一台」の主張に変わりつつある。人民共和国の「一国両制」と民国の「一国両政府」「一つの中国」とは、あくまで「地理的」「文化的」中国ないし「未来の中国」であって、李登輝の「中華民国在台湾」「台湾・中国とは少なくとも特殊な国と国の関係」から陳水扁の「台湾・中国一辺一国」という主張もある。

中国人は決してすべてが「中国は一つ」を理想とするとはかぎらない。極端な主張では、「中国は多ければ多い方がよい」という理想の中国論もある。台湾では「中国は一つ」に賛成はしても、台湾はその「一つの中国」に含まれていない、すなわち台湾は中国とは別の国家だとする主張も根深い。

ただし、中国古代の世界観に学べば、「中国は一つ」という主張は、中国の軍事力、政治力の及ぶすべての力圏の中の領土におよぶことになる。つまり、チベットやウイグルやモンゴルだけでなく、欲しいところがすべて中国のものという主張にほかならない。

8 社会主義の看板を降ろせない宿命

もし一九一〇年以前に生まれた中国人が八〇年代まで生きていたら、彼や彼女たちは、中国で三つの時代を過ごし、世の有為転変《ういてんぺん》を見てきたにちがいない。中国人にとっては二十世紀というのは中国有史以来、もっとも価値観が激変した時代であった。もちろん宇宙観も、世界（天下）観も、歴史観も、そして人生観も、ここまで逆転それまた逆転した時代はなかろう。

一九〇〇年に入って北方に義和団の乱があった。その後、日露戦争があった。つづいて清帝国も国体変革のために日本の開国維新をモデルに立憲運動を開始、二千余年にわたる皇帝の国が立憲君主制をめざしはじめた。二十世紀初頭の十年は清帝国の改革開放の時代であり、黄金の十年ともいわれた。

だが、一九一一年に辛亥革命が起こり、中華民国が生まれた。清帝国が三百年近くの寿命を終えたのには、もちろんそれなりの理由があった。しかし清帝国そのものだけに原因を求めるのは浅慮だろう。

なぜかというと、同時代には、ユーラシア大陸で数百年にわたって極盛を誇ってきた、世界帝国であるロシア帝国も、オスマン・トルコ帝国も、清と同じく国内革命によって崩壊したのだ。第一次世界大戦後までにオーストリア・ハンガリー帝国も倒壊したのだ。近世以来の世界帝国型の国家は、それがキリスト教国であろうとイスラム教国であろうと儒教国家であろうと関係なく、二十世紀という新時代に生き残れなかったのである。

さて、二千余年を誇る国体まで自らぶちこわして中華民国を樹立したものの、しかし近代国民国家の国造りには挫折した。だからもう一度国のかたちを変えなければならない。それが、いわゆる社会主義革命である。その理想と目標は、国家よりも社会の革命である。めざすのは「世界革命・人類解放」である。むしろ「国家死滅」という国家否定が目標であった。

もちろん社会主義革命も二十世紀の時代の巨流であった。第一次世界大戦中のロシア革命をはじめ、第二次世界大戦後に社会主義革命が成功したのは、ギリシャ・スラブ正教会文明圏の国々と儒教文明圏の国々だけだった。

国共内戦の結果、中華民国が崩壊、中華人民共和国が成立した。毛沢東に言わせると、それがロシア革命に継ぐ第二革命であった。だがしかし、ほぼ三十年の社会主義建設の大動乱を経た後の改革開放は、実質的には非社会主義というよりも反（あるいは脱）社会主義の国造りの再出発である。

歴史の長い中国にはそれなりの克服できない歴史の重荷があり、それが宿命にもなり、宿痾《しゅくあ》にもなっているのである。だから社会主義建設にも中国的特色を持つ社会主義があり、改革開放がめざすのは反社会主義であっても、社会主義の四つの原則の堅持やら、かつてアヘン戦争後から行われた中体西用の「自強運動」のように社会主義市場経済なるものを強調せざるをえない。

「人民専制」は実質的には二千余年来の「皇帝制度」の復活であっても、社会主義という看板を降ろせないのも宿命である。少なくとも社会主義体制は、三十余年前の文革終結後にはすでに歴史の終焉《しゅうえん》を迎えていた。改革開放は反社会主義革命であり、それがいわゆる「権貴（特権貴族）資本主義」体制の新国家であっても「中国的特色」を強調し、実質的には私有財産制をすでに許容していても、なおかつ「多党制」「三権分立」をしない。そして民意を問うシステムの確立を絶対しないと公言することも、それまた中国人国家としての宿命、あるいは中華のクビキともいえるのではないだろうか。

9 中華人民共和国は情報統制の集大成

「情報化の時代」という流行語が流行りはじめたのは、一九七〇年代からである。「第三の波」とも呼ばれる。情報科学・技術の進歩発展がもたらした文明の波であるが、それにはハード面だけではなく、政治的自由というソフトの条件も絶対不可欠である。

しかし人類史を見るかぎり、中華文明はむしろ「言論の自由」とは逆に、ますます「情報鎖国」へと進歩発展しつづけてきた。

具体的な史例としては、戦国時代はいわゆる「百家争鳴・百花斉放」の時代だったが、中華帝国の時代に入ってから、時代とともに言論統制は強化してきている。たとえば秦の「焚書坑儒《ふんしょこうじゅ》」、前漢の「儒家独尊」、後漢の「師承」、隋の「科挙」、そして歴代王朝の「文字の獄」（筆禍）が代表的なキーワードである。

中国はすでに戦国時代から万里の長城を築きはじめる。歴代王朝が陸禁と海禁をしいてきたことには、国防目的をはじめ、もちろん理由は多々あるが、文化情報の流出入を制限するためであったことも主目的の一つである。ことに経典が夷狄へ流出することについての禁制はきびしかった。満州人の清が中国を統治していたころには、漢人が夷語（西洋の言語）や夷人に漢語を教えることさえ禁止していた。中国事情をあまり外に知られたくないのは決して中華人民共和国政府だけではない。

近代国民国家の時代に入ってから、国民教育は徐々に普及し、識字率は向上しつつあった。日本は十九世紀末にはすでに九八％になっていたが、台湾も中国も二％未満である。一八九八年には戊戌維新に失敗したものの、日露戦争の刺激を受けて、清国も立憲運動を本格的にスタートし、識字率の五％アップをめざしている。

しかし、民国の時代に入ってから、「文盲追放」をめざす国民教育の普及に反対したのが文化人であった。いわく「苦力《クーリー》まで字を読めるようになったら、斯文《しぶん》（学問、聖人の道）は地を掃いて捨てるようなものだ」と、文化人はむしろ文化・情報の開放を阻止する主役になる。今でも変わってはいない。

十九世紀末から中国でも新聞、雑誌の発行が流行りはじめた。しかし、辛亥革命後から、革命浪人の孫文は日米欧政府からの政府承認と経済・軍事援助を得られなかったので、とうとうコミンテルンに支援を求めた。レーニン主義に心酔して、自説の

「三民主義」まで「新三民主義」と修正した。そしてレーニンから学んだのが共産主義革命の切札であるプロパガンダだ。これは千万人の軍隊に匹敵することを発見したのである。

一九二一年にコミンテルンの指導下で中国共産党が成立した。はじめは国民党との国共合作からスタートして、合作と内戦をくりかえしながら日中戦争後の国共内戦に勝ち、中華人民共和国を樹立した。人民共和国建国までに至ったのは、紅軍の建軍に始まる人民解放軍の物理力がよくたたえられている。が、それ以上に大きな決定的役割をはたしてきたのは、マスメディアを牛耳るプロパガンダである。要するに宣伝がうまいというだけのことだ。今でも変わっていないどころか、ますます強化している。

中華人民共和国が成立してから、すでに六十年以上経っている。その間、経済・社会・政治の大崩壊があっても、国家崩壊までに至らなかったのは、人類史上はじめての言論鎖国を集大成したからである。人民共和国の時代に入ってからのもっとも代表的な俚諺《りげん》に「すべてが嘘、嘘でないのは詐欺師だけ」がある。この国、この政権がすべて嘘によって支えられていることについては、よく知られている何清漣《かせいれん》の『中国の嘘』などが具体的に分析している。

では、人民共和国がいかに人類の言論統制の知識と知恵を集大成したのかについて、以下に要約する。

いわゆる「竹のカーテン」をしき、情報を統制したのは世界周知のこと。改革開放後は言論だけは「竹のカーテン」時代以上に強化。憲法に「言論は自由」などの条文があっても、じっさいますます統制強化、建前はあくまでも本音を隠蔽するためにある。

隠されている反対意見をあぶりだすためには、毛沢東が「百家争鳴・百花斉放」にちなむ「鳴放運動」を推進、「反対意見」を奨励してから本音を誘い出し、「反右派闘争」で粛清する、自称「陽謀」という手を創出している。

自国の言論統制だけでなく、言論の天朝朝貢秩序を確立するためには、あらゆる国に対して言論統制を強要する。中国の意にそわないインターネット上の言論に対してサイバー攻撃を仕掛け、世界の言論統制をめざす。

もっと恒久的なマインドコントロールのために、毛沢東時代からの人民に対する洗脳教育はますます「制度」として確立された。ノーベル平和賞受賞者の劉暁波《りゆうぎようは》は、中国の教育は「人間を奴隷化するための教育」であり、「大卒生の九五％」（修士は九七％、博士は九八％から九九％）が確実に奴隷になっていると、その奴隷教育の成果を指摘している。

そして反日・仇日教育は九〇年代からいっそう強化され、今日に至っている。日本の「歴史」問題＋「靖国」問題だけでなく、「尖閣」に至るまでの問題についても、コミンテルン史観や東京裁判史観という過去型に由来するというよりも、現在進行型の中国史観から生まれたものであると再認識しなければならない。

10 「尖閣は固有の領土」の滑稽な理由

中国の固有領土の主張は、清朝時代からというよりも中華民国の時代に入ってから、さらに中華人民共和国の時代に入ってからよりいっそう強くなっている。

本来なら、社会主義国家がめざすのは「世界革命・人類解放」以外には「国家死滅」がもっとも代表的な国家観や世界観であった。しかしじっさい、人民共和国の時代に入ってから逆に国境・領土をめぐって、中印戦争・中ソ戦争・中越戦争を引き起こしたのは、よく知られていることだ。

清朝時代、かつて康熙《こうき》・雍正《ようせい》・乾隆《けんりゅう》三帝の盛期に征服した地のすべてが中国の「神聖なる絶対不可分な固有の領土」とされ、領土問題が発生したのは、その清朝が瓦解《がかい》してからであった。

中国の歴代王朝の版図は王朝の盛衰によって膨張したり縮小したりしてきたが、伝統的な固有領土は、本来なら明王朝の領土が妥当にして常識だとも思われる。それはほぼ清王朝の「内中国」十八省の国土にあたり、日本の約十倍、三百六十万平方キロ前後である。しかし、清朝の時代に入ってから周辺各地を征服し、伝統領土の約三倍までにも拡げたのだ。

そもそも領土主権や領土観は近代国民国家の時代に入ってから徐々に形成されたもので、それ以前の時代には強い領土意識はなかった。だから戦前の「支那非国論」や「支那無国境論」の論旨はほぼ正しい。

日清戦争後の下関条約に基づき、日本が清国から台湾を永久割譲された後、当時日本の帝国憲法には明確な領土変更の規定がなかったので、小笠原群島の領土編入の前例にしたがって日本帝国領に編入した。これも近代国民国家の時代に入ってからの領土変更の一例である。もちろん領土の変更は万国公法など近代的国際法にしたがって変更するのがほとんどだった。だが、現在ロシアによる「北方四島」の強制占領という未解決の実例もある。

中国人が主張する絶対不可分な神聖なる固有領土とは何か。その主張は、以下三つに要約することができる。

中華帝国歴代王朝、もちろん征服王朝をも含めたそれらの王朝が一度でも征服した土地、あるいは中国人が足跡を残したり交流した土地、また朝貢したとされる、あるいは朝貢したと思われる国々の領土はすべて中国の固有領土と見なされる。中国の古典に文字として記述される地名、あるいは明らかに侵略した事跡が記述されただけで、その地も固有領土だと主張する。

中国が「統一すべき」だと主張する範囲、あるいは併合したい領土はすべて絶対不可分の神聖なる固有領土だと見なされる。

じつに独善的、それを通りこして滑稽である。

チンギス・ハーンは中国の地を踏んだことさえなかった。というのも、当時モンゴル人の敵国、女真人の金が契丹人の遼を滅ぼして中国北方の地を支配していたからだ。チンギス・ハーンの死から約五十年を経て、孫のフビライ・ハーンが中国を征服して大元王朝をつくった。

たったこれだけの歴史関係で、中国人はすぐ征服者の祖父を元太祖と呼び、自分の祖先にした。今でもモンゴル人とチンギス・ハーンが祖先かどうかをめぐって争っている。近代中国文学の父魯迅さえ、教科書にあるモンゴル人のヨーロッパ遠征を「われわれ」のヨーロッパ遠征と教えることに疑問を抱き、皮肉っている。

モンゴル人の中国支配はたった百年しかなかったのに、中国人はすぐ「われわれ」と誇りにした。対して、ロシア人はモンゴル人に二百年以上も支配されたが、チンギス・ハーンを自分の祖先にしなかったどころか、それをタタールのクビキと称したのは、よく知られている。歴史観はそこまで違うのだ。

シベリアまで中国の神聖なる固有領土だという歴史的根拠は何もない。清朝最盛期の康熙帝の代に北方羅禅《ロシア》へ遠征して、ロシアとネルチンスク条約（一六八九年）を結んで国境を画定したのが「正しい歴史認識」ではないだろうか。

だから中国のたび重なる領土主張に対して、ソ連のフルシチョフ首相は、「古来中国の国境は万里の長城を越えたことがなかった。もし神話をもってきて理不尽な主張を続けるなら、それは宣戦布告以外の何ものでもない」と強く警告したのだった。

空想の空間で自国の固有領土と主張する中国に対し、かつてネパールのコイララ首相は、中国人は有史以来「一人としてヒマラヤに登頂したこともないのに、よくもヒマラヤが中国の領土だと言えるものだ」と皮肉っている。

中国はさまざまな古書、古典をもちだし、尖閣は十四世紀から中国の領土だと主張しているが、「発見」即「領有」、「古書に書いてある」即「領有」と唱えているわけで、その主張は主権所有とはまったく関係のないことだ。もし「古典に書いてある」ことだけですぐ自国領だとするなら、古典『詩経』に「天下王土に非ざるものなし」（世界の土地はすべて中国のもの）とあるし、「皇清職貢図」（一七六一年）と「嘉慶法典」（一八一八年）など中国の法典には、イギリス、オランダ、ポルトガル、バチカン法王庁などは中国の朝貢国だとまで明記されている。ならばイギリスまで中国のものだろうか。

中国によれば、尖閣と琉球は日本が中国から盗んだ未返還の固有領土という。今まで中国は弱かったから公言できなかったが、中国はすでに強くなった、二十一世紀は中国人の世紀だ。だからこれからの世界の国々は中国語だけを使え、世界は中国が決める、という中華思想丸出しの主張が横行しているのだ。

11　なぜ社会主義と改革開放が同居できるか

ロシア革命後、社会主義革命に成功したのはスラブ・キリスト教正教会文明圏と儒教文明圏のみであった。それ以外のキリスト教、イスラム教、ヒンズー教、仏教文明圏は成功しなかった。

東西冷戦を経て、じっさい社会主義体制が崩壊したのはスラブ文明圏の社会主義国家のみで、儒教文明圏の社会主義体制は残ったようにも見える。

日本はよく「儒教文明圏」や「漢字文化圏」だと語られることもあるが、日本は儒教文明圏というよりも「仏教文明圏」である。儒教は日本の風土に根をおろせなかったことについて、津田左右吉《そうきち》教授はすでに昔から論述していた。

ロシア革命、中国革命に次ぐ第三革命としての日本革命、「日本民主主義人民共和国」の樹立をめざす左翼の闘士たちがあれほどの不惜身命の革命闘争をしても成功できなかったことは、日本の風土が儒教のイデオロギーとの同質性を欠如していることも一因ではないだろうか。

ではなぜ儒教文明圏の社会主義革命が成功し、またソ連・東欧の社会主義同時崩壊の波に呑み込まれずに儒教社会主義体制だけが残ったのだろうか。

儒教のイデオロギーも社会主義のイデオロギーも共有する性格が多かった。たとえば、ともにコスモポリタン的であり、ユートピア思想としての楽園は天上のものではなく地上のものである。そして千年王国建設の主役は君子であり、エリートの前衛であった。イデオロギーとしての同質性が高いので、儒教型社会主義社会が革命によって成功したのである。

ではなぜ東西の社会主義が同時崩壊しなかったのだろうか。それは儒教的思想の性格はあくまでも建前主義であって、本音はどうでもいいということによる。

たとえば、中国では漢武帝の時代から国是国教が「儒家独尊」とされていても、それはあくまでも「カンバン」を掲げているだけで、じっさいは不可能である。建前の「徳」だけでは万民を治められないので、「法」がなければ国は成り立たない。だから中華帝国は儒教国家を建前に、じっさいは「陽儒陰法」ともいわれるのだ。

改革開放後の中華人民共和国はすでに中国的特色をもつ社会主義国家でなくなっても、社会主義のカンバンさえ掲げていればいい。二千余年来そうだった。だから今の中国は「権貴資本主義」社会とまでいわれているのだ。そして、それが正しい。
要するに儒教文化の特色は「名」のみを重んじる「名」ばかりの文化である。ダンゴよりも花で、中身はどうでもよい。たとえていえば、古老の中国は厚化粧の老婆のようなものである。

では、中国はなぜ社会主義のカンバンを掲げて「改革開放」をせざるをえないのか。国体政体をいくら変えても、中国はほとんどが旧態依然でますます混乱をましていくのには、もちろん理由は多々あるが、もっとも根源的理由は、むしろ中国の生態学的問題にある。

数千年にわたって地上資源も地下資源も喰いつくされ、もはや過去の陸禁と海禁時代のように「自力更生」ができなくなったからである。最後にそれを実証したのが、竹のカーテンから生まれた大量餓死の大躍進の挫折と文革の「十年酷劫」であった。

第3章

語られなかった中国植民地史

1　捨てられた「中華植民地帝国」の視点

戦後教育を受けた日本人が植民地について抱くイメージはたいてい、近代植民地、ことに西洋植民地を連想することがほとんどで、しかもコミンテルン（共産主義政党による国際組織）史観中心である。

しかしもちろん、植民や植民地の歴史は人類の歴史とともに長い。しかも近代西洋植民地、あるいは近代植民地主義だけではない。次に少し例を挙げておこう。

古代の植民地として最も古いのは地中海沿岸地域で、多くの植民地をつくって移民をしたのがフェニキア人である。エジプト、バビロンなど周辺諸国と交易を行い、最盛期の前十一～前八世紀には艦隊がインド洋、紅海、地中海、大西洋沿岸を巡航して東西の中継貿易で繁栄した。キプロス、ロードスから北アフリカ北岸、シシリー、サルジニアまでを植民地にした。

フェニキア人の後にギリシャ人が、人口問題を解決するために前八世紀頃から地中海世界で多くの植民地を建設した。植民地はギリシャの言語、宗教、文化の拡散基地となっている。そのギリシャ植民地の発展は、地中海文明、そして世界文明に貢献していたのである。植民地を指すギリシャ語の「アポイキア」は「故郷を離れる」、ラテン語の「コロニア」は「栽培」「陸地の所領地」を意味している。

ローマの植民地は、大地、つまり国土の拡張を目的とするものだった。ローマ人には征服こそが民族の使命だとの信念があり、植民地のいたるところに「州」を作り、諸民族を征服しながらローマ帝国をつくった。「散乱したギリシャ」とはちがって、ローマ帝国の植民地政策とは世界の都ローマを中心とする帝国建設で、ローマ法、言語、習俗のローマ化を扶植していったのである。極端な同化・統合主義である。ローマ帝国の拡大はローマ植民地帝国の拡大でもあった。

中華帝国の拡大はローマ帝国の拡大と類似性がきわめて高い。ローマ帝国は共和制から帝制への発展であったが、中国史はそれと類似するところも少なくない。

古代の中国は万国といわれ、夏《か》・殷《いん》・周《しゅう》三代の王朝があっても、それは都市国家連盟や集落国家連合の盟主ぐらいのものであった。殷・周から春秋戦国時代は城邑《じょうゆう》（都市）国家から領域国家への発展過程で、周や春秋戦国時代の「封土」は新しい植民地であり、「県」は軍事の前進基地としてローマの「州」に類似している。そして王《おう》化《か》・華化《かか》は植民地のローマ化に似ている。

中国の植民地史は、古代フェニキア・ギリシャ・ローマのアポイキアやコロニアと同じく、分邦の領土・郡県から中華植民地帝国への発展として見なければ、ユーラシア大陸の文明史は語られない。

植民地史の研究からよく捨象されているのが、ユーラシア大陸を駆け回る遊牧民族の植民地史である。

しかし、大航海時代以前の世界の歴史の主舞台は陸であり、ユーラシア大陸の草原を中心に活躍した遊牧民が主人公だった。海岸の都市や島と同じようにオアシスが遊牧民の植民地で、彼らはこれを前進基地に草原地帯から農耕地帯に侵入し、数多くの征服王朝をつくり、陸の植民地帝国を築いた。東方の匈奴《きようど》はもとよりモンゴル人、オスマントルコ人、ヒッタイト人、フィン人、ゲルマン人の大移動史から見ても、陸の植民地史は海の植民地史とほとんど変わりはない。通時的だけではなく並時的に植民史を見るのは、冷静にして客観的な歴史の目である。

モンゴル人はもともとモンゴル高原を中心に活躍していた遊牧民族だったが、若い世代を中心に世代単位に集団移民をしながら、南の中華世界だけでなく、中央アジア・西アジアからヨーロッパ北東部に至るまで各地でモンゴル人の「ウルス」（国家）を作り、移住している。

また、この遊牧民族の植民史だけでなく、マレイ・ポリネシア系による、インド洋から太平洋にわたる大植民史も見落としている。

中国の植民地史も植民地研究者の中では捨象されてきた。ことに戦前に上梓《じょうし》された植民地史にはロシア植民地史はたいてい記述されているが、戦後、日本だけがわざとロシアと中国を削除した。その意図は明々白々ではないだろうか。

2 「中国人」は漢人でも唐人でもない

たいていの日本人は「日本人はどこからきたか」という謎に強い興味と関心をもっている。『古事記』が記す「国生み物語」（大八島《おおやしま》の生成）があってもだ。だが「中国人はどこからきたか」という問いについては、中国人はほとんど知る気がない。それどころか問い自体が何らかの下心でもあるのかと思われる。というのは、中国の「常識」としては、中国人は人類の祖先、人類の流源であるだけでなく、文化も文明もすべて中国から生まれ伝えたのだと考えているからだ。しかも問答無用、疑問さえ絶対許せない。

中華王朝の始まりは夏《か》・殷《いん》・周の三代ともいわれているが、遡っていけばいくほど史実の確実性がますます低くなるのも当然で、夏人、殷人、周人は中国の国史とは違って、種族的にはそれぞれ系統が異なるというのが古代史研究家の定説というよりも常識になっている。

中国人のルーツについては、いくつかの説がある。たとえば、中国古代史の大家顧《こ》頡剛《けつごう》によれば、夏人はもと西部にいた羌人《きょう》（チベット系）で、陝西《せんせい》から河南、山西に入った。殷人は山東と河南の東方にいた。周人はもと羌人で、陝西から南下、東進した。秦人《しん》はもと東夷《とうい》の人で、山東から甘粛《かんしゅく》・陝西に入った。

「日本騎馬民族征服説」で知られる江上波夫教授によれば、中原で黄河文明をつくったのは土着の農耕民族ではなく、外来の遊牧民族である。夏人は北方から、殷人は西南からのチベット系で、匈奴《きょうど》や氐《てい》、羌などが黄河流域に入ってきたのは戦国と秦漢の時代になってからだと説いている。

岡田英弘教授は、夏は東南アジア系の東夷、殷は東北アジア系の北狄《ほくてき》、周は北アジア系の西戎《せいじゅう》であり、はじめて中国を統一した秦も西戎であるとしている。

私は古代史の専門家の史説とは若干違って、人類史と語系からみて、夏人はマレイ・ポリネシア系、殷人はタイ系、周人は西戎系と考えている。

もちろん中国人は伝説の二人の帝王である「炎黄《えんこう》の子孫」と自称しているが、神話・伝説など民族学、考古学から華夏《かか》の民は羌系と説く書も少なくない。

歴史から見れば、先秦時代には黄河と長江両文明圏の間には少なくとも四つの種族的文化集団が存在していた。黄河中流の中原地方の華夏《かか》、下流と黄河流域の東夷、長江中流域の苗蛮《みようばん》、下流の百越《ひやくえつ》、さらに上流の巴蜀《はしよく》を入れると五つの文化集団が存在していたと言える。それぞれの語族集団はいまでもそれぞれ言語が異なるが、秦の始皇帝の中国統一後、共通の文字を使用しはじめ「字族」として成熟したのが秦・漢人で、約四百年間にわたって、それぞれの漢語が異なっても共有する漢字によって漢字族として熟成しつつあったのだ。

漢以後の魏晋南北朝時代に北方は約四百年間にわたって北方夷狄（五胡）に支配され、漢の遺民は南方に逃れた。北方では漢と胡が野合、南方では漢と越が混合、そこから生まれたのが新人類としての唐人である。言語学的には漢語と唐語の音韻《おんいん》が変化しただけでなく、精神史的にも仏教化によって変質している。そこには秦漢帝国と隋唐帝国の民の異質性がある。

唐に至って中華文明の拡散力は限界に達し、それ以後から約千余年にわたって華夷が交替で中華世界を支配した。そして満州人による支配から脱した、中華民国以後の新々人類の中国人は、漢人とも唐人ともまったく質的に異なったものである。伝統主義を拳拳服膺《けんけんふくよう》しても、「炎黄の子孫」という血だけで中国人を語ることはできない。「中国人」という言葉は『史記』の「食貨志」にはじめて現れる。しかし、それはあくまでも「中原からきた人」を意味するもので、二十世紀になってからの「中華民族」とはまったく意味概念の異なるものだ。

「中国人」を語るにさいし、それを「歴史」として語るか「政治」として語るかを弁別しないかぎり、中国人を主観的にも客観的にも語ることはできないということである。

3 中国の植民地史が語られない理由

植民地観というものが、もしコミンテルン史観や近代西洋植民地に限定して考えられているとしたら、それこそ短絡的どころか、偏見というより特定の政治目的に利用されるか奉仕することは明々白々である。戦後日本の植民地に関する教育と植民地観はそれに属する。

古代地中海文明圏のフェニキア人やギリシャ人、ローマ人のコロニーについてすでに若干触れたけれども、人類史とともにある植民や植民地主義といわれるものは限定的に記述するだけでなく、限定的に捨象することも、たとえば戦後歴史教育で中国とロシアの植民地史のみを削除することも、偏見というより歴史の捏造《ねつぞう》と指摘せざるをえない。

ルーカス、ケラー、ロッシエル、ツインスーク、ケプラー、ラインシュ、ツェップルなど植民地学者が語る植民地の定義はそれぞれ大同小異でも、古代・中世は別として、近世近代以降の植民地もさまざまな形態がある。植民地学者によって農業、栽培、鉱業、商業植民地などと分類されている。たとえば、十九世紀初期のフランスの経済学者ジーン・バプティスト・セーは植民地取得の方法から、①征服植民地、②契約植民地、③占有植民地の三形態に分けている。

ことに十九世紀以後の植民地は、①狭義の属領、②保護国保護領、③租借地《そしゃくち》、④委任統治、⑤勢力範囲など多岐にわたる。なお植民地の獲得手段については占有、併合、買い入れ、交換、その他の租借、保護条約、委任統治など多くの手段があげられる。

戦後日本の植民地史観を決定づけたのはコミンテルンの植民地史観で、それに依拠するのがレーニンの『帝国主義論』である。もちろん戦前に行われた植民地学者による『帝国主義論』批判、反批判、自己批判も戦後になるとすべて歴史教育から消えてしまった。残っているのは、「世界革命、人類解放」をめざす「植民地悪」の追及のみだった。もちろんそれは、「歴史」ではなく「政治」である。

コミンテルン史観と東京裁判史観一色で塗り潰された植民地は「搾取」「差別」のシンボルとなり、さらには植民地の範疇《はんちゅう》も、外国植民地、内国植民地、そして経済植民地、新植民地へと拡大されていった。

たとえば北海道（蝦夷）、沖縄（琉球）が大日本帝国の「内国植民地」とされ、中国は「半植民地」「次植民地」、日米欧の資本と技術の移転先は帝国主義や新植民地主義の「経済植民地」と、学術的な名を借りて次々と新概念が定義されていった。

また「植民地」は、もっぱら西洋植民地、つまりは大航海時代以降の西欧諸国の海外移民、その発展、あるいは地球分割の動きを指すようにもなった。

戦後日本の進歩的学者による植民地研究で最も欠落している部分は、植民地史と社会主義国家史との比較研究である。それを行わなければ、植民地主義の本質は理解できない。なぜならば、大航海時代以降の西欧の植民地獲得、領土拡大と同じ時代に、後のソ連と中国、すなわちロシア帝国と清帝国の領土拡大が同時進行で行われていたからである。

なぜ同じ領土拡大でも、社会主義国家が行えば開発、発展、統一と称され、欧米日の場合だけが侵略になるのだろうか。

たとえば五族協和の満州国が日本の植民地ならば、同時期のモンゴル人民共和国はソ連の植民地としなければならないはずだ。自主権では満州やモンゴル以下であるチベット、内モンゴル、新疆《しんきょう》は、なぜ中華人民共和国の植民地と見なされないのだろうか。

もっと長い人類史からみれば、トルコ語族の騎馬民族による東北アジアから中央アジア、西アジア、東欧への移住や植民も、イスラム教徒の西南アジア砂漠地帯から北アフリカ、イベリア半島、中央アジア、南アジアへの拡散も、マレイ・ポリネシア系民族の海洋移民も、植民地史研究の対象にならないのはなぜだろうか。これは、戦後学者の研究目的が、欧米日の資本主義諸国の最高発展形態としての帝国主義を批判するためだからだと言われても仕方がない。

実際、彼らは、帝国主義諸国の移民植民地や属領だけでなく、保護国、保護地、委任統治領、特殊会社領、租借地、あるいは勢力範囲、利益範囲までも、異民族に対する搾取、抑圧、人種差別のシンボルとして糾弾、断罪しているのである。

中国の植民地史とそのかたちについては、中国史独自の天下観、華夷思想に影響され、しかも東洋史や中国史独特の記述法によって、ほとんど歴史記述からはずされた。だが中国史に見られる歴史的領土拡張は、非植民的あるいは脱植民地主義的なものではない。中国だけが例外ではないのだ。

先秦時代の中国型植民の発展は古代地中海文明圏型のフェニキアのアポイキア型やギリシャのコロニー型と近似性をもち、秦帝国以後からはローマ帝国のコロニーとの類似性も見られる。魏晋南北朝時代以後の華夷交替による中華世界への君臨は、ゲルマン系諸民族とラテン系諸民族との抗争関係にも類似している。ただ、地政学的、地理学的、生態学的相違から、中国型植民地統治のかたちは、歴代王朝の興亡とともに独自の中国的特色をもって発展してきたということである。

4　秦漢帝国の植民地政策は失敗した

もし世界史や文明史に若干の「常識」をもっている人なら、ユーラシア大陸の東西両文明の歴史的発展は、両大国の興亡と文明の盛衰に少なからぬ類似性をもつことに気づくにちがいない。

たとえば歴史時間を縦軸にして、東の秦漢帝国と西のローマ帝国、中華帝国の幽霊の復活と見なされる隋唐帝国と東ローマ帝国であるビザンチン帝国だ。そしてタタールのクビキを脱したモスクワ大公国から発展して第三ローマ帝国を自負するロシア帝国と、大モンゴル帝国の後継国家から第三の中華帝国を完結した清帝国とでは、驚くほどの類似性を発見することができるだろう。だが、もちろん地理的・生態学的相違や、地中海文明と中華文明の発展にみられる方向性の相違も、当然ある。

ここで中華文明の領土拡大の歴史を少々紹介する。

秦王は六国を征服した後、文字、度量衡を統一し、始皇帝と自称して六国の伝統領域を越えて領土を拡張した。北方だけは万里の長城を築いて遊牧民族の南下を防いだ。農耕民の統一帝国の成立に刺激された北方の夷狄も、遊牧民を糾合《きゅうごう》して匈奴帝国を結成した。

始皇帝以上に領土拡大に成功したのは漢の武帝である。中国史上唯一、遊牧民に勝った天子で、西域まで経略したものの、長期に守ることができなかった。

秦漢帝国が北方と西方の経略に挫折したのは、漢時代の学者もすでに知っていたように、農耕民の生態学的限界である。それが秦漢領土膨張の限界でもある。

春秋戦国時代の人口が主に中原に集中しているだけではなく、秦漢の時代に至っても中国の人口はやはり黄河の中・下流域と関中に集中している。

漢の時代には東は朝鮮半島に楽浪《らくろう》、真番《しんばん》、臨屯《りんとん》、玄菟《げんと》四郡の植民地をつくり、南は大越国まで植民領にした。大越国の都は今の広州であった。

黄河中・下流域の両岸と関中に人口が集中しすぎたため、人口の過密がもたらした自然環境と社会環境の連鎖的悪化と崩壊によって、飢饉がくりかえし拡大再生産され、流民が大量に噴出して、天下大乱、易姓革命の源動力にもなっている。

長江流域の江南の地の開発は南北朝時代からであった。江南は、あの時代はなおも「中国」ではなく、百越の地であった。人口の比例からすれば南北は一対九であったのだ。長江上流の巴蜀《はしょく》の地（重慶と成都、四川省）は秦帝国以前にすでに秦領になっていても、三国時代の蜀の国になっても、やはり辺境の地だったのである。

このように秦漢帝国の約四百年の間、一時は版図《はんと》を中国（中原）から朝鮮半島、南越、西域まで拡大したことがあっても、植民地経営は完全に失敗した。それだけでなく、心臓部の中原まで天下崩壊、ローマ帝国と同じ運命を辿らざるをえなかった。

5 夷による植民地と華による植民地

中国史では漢末から隋の再統一に至るまでの約四百年間は、天下大乱の時代といわれる。もちろん「一治一乱」「分と合」の中華史観からみれば「大分裂」の時代となるのだろう。

その魏晋南北朝の時代は先秦時代の春秋戦国時代と類似しているところがあっても、じっさいは北の夷狄である胡人にとっても南の漢人・越人にとっても、もっともダイナミックな大移民、大植民の時代であった。

漢末からの流れを追って説明しよう。

漢末に天下が崩壊した起因として知られるのが「黄巾《こうきん》の乱」(一八四年)である。華北から江南に至る困窮した農民を主体に、後の道教の源流となる信仰集団・太平道《たいへいどう》が結成され、「蒼天《そうてん》(天下)すでに死す、黄天《こうてん》まさに立つべし」の合言葉のもとに一斉蜂起したのが黄巾の乱である。黄色い頭巾を標識としたところから、この名称がある。

この道教の発端とほぼ同じ時期に、インド生まれの仏教が西域経由で、乱世の民衆の魂を救う宗教として中国に入ってきた。

呉・魏・蜀の三国時代の人口数は約七百万人（もっと多いという説もある）、それに先立つ漢の最盛期は約六千万人、秦以前の戦国時代でも推定三千五百万人。この人口数からも、漢末の天下崩壊後の三国時代の社会状況をはかって知ることができよう。漢帝国の遺民は死に絶えたに近い状況だから、魏晋の時代には漢人のホームランドである中原地方には大量の夷狄が移住してきた。すでに華夷雑居の地として住民の比率は華夷《かい》半々となっている。

このような社会環境の変化の中で、五胡十六国と南北朝の時代には、中国人のホームランドであった中原の地は五胡（夷狄）の植民地となり、「中国」の地から追われた漢人は、江南の百越の地で東晋王朝を再建した。ほぼ同時代にフン族に追われたゲルマン人が南下してローマ帝国を滅ぼしたように、中原の地から追われた漢人は南下して江南の百越の地に大移民したというわけである。

ホームランドから追われた南朝の呉・東晋・宋・斉・梁・陳の諸王朝（六朝《りくちょう》という）はほとんど軍事政権だった。百越の地に移っての植民地経営は、移民植民地というよりも、亡命漢人政権による南蛮植民地経営と搾取であった。

北方貴族主導の政権である東晋の国家目的は北方の失地回復であり、その軍事力も北方から南下した難民、流民集団によって構成されていた。だから、支配される植民地民からは、孫恩《そんおん》の乱（三九九年）、盧循《ろじゅん》の乱（四一〇年）をはじめ、反植民王朝の反乱が絶えなかった。

六朝の時代は貴族社会であった。王朝は性格的には軍事政権だから、貴族集団のほとんどが王朝の運営には関心がなく、超国家的存在であり、一族一門の地位を保ち、生き延びたのである。

漢帝国は四百年かかって北は長城、南は長江までしか実質的には漢化できなかった。それも中華文明の限界だった。漢帝国が崩壊してから漢の原郷すなわち「中国」が五胡の植民地となり、漢の遺民が江南に追われて新開の植民地を開拓した。そこからまた約四百年かかって、隋の煬帝が開削した大運河が南方植民地の食糧を北へ運び、唐以後の北方中国の生存土台を支えたのである。

北方移民を入植させるために、はじめ仮寓《かぐう》の地という意味で僑州《きょう》、僑郡、僑県を設置し、さらにこれを定住させたのを「土断《どだん》」という。

当時南朝の政治、軍事、経済、文化各方面は主に北方移民（僑民）に独占され、百越の民を支配していた。六朝時代約四百年の間、中華世界の民族大移動とは、北方夷狄による「中国」の植民地化と「中国」からの亡命政権による百越の地の植民地化である。この大移民の原動力は夷狄の遊牧民と中原の流民であった。

6 南北の「文明の衝突」が続いた

インド社会と中国社会のもっとも大きな違いの一つは、インド人は征服した民族に階級をつくって共生したことである。モンゴル人の元が中国を征服した後の植民地化の時代もそうだった。

しかし中国人社会は異なる階級との共生よりも、これを同化した。いわゆる華化・漢化あるいは王化・徳化である。今現在でもチベット人、ウイグル人、モンゴル人に対する同化政策が強化されている最中だが、ダライ・ラマ法王によれば、それは「文化虐殺」である。中国人の論理では、それは「徳」を施すことであり、夷狄に対する「教化」である。植民地政策としてのローマ化、フランス化にも似ている。

さて、中国史学界ではあまり取りあげられていないのが、中国史に貫流する北人と南人との対立である。日本の東洋史学者の中で比較的その南北対立を分析する学者の一人は宮崎市定である。

先秦時代の尊王攘夷の主張は中原諸国対南蛮の楚《そ》国との対立であり、漢代の呉楚七国の乱（前一五四年）は実質的に南人対北人、長江文明対黄河文明の文化摩擦から発した文明衝突であった。

この南人対北人の文明衝突から、宋の時代においても南人を絶対に首相と将軍にしないことが太祖趙匡胤《ちょうきょういん》の祖訓となっている。二十世紀の蒋介石の北伐（一九二六〜二八年）と南京政権の崩壊（一九四九年四月）に至るまで、南人対北人の対立が存在していたのだ。

この南北対立は魏晋南北朝時代からの東アジア世界の民族大移動にともなって、中原の胡人の植民地化と百越世界の漢人植民地化によって、南北とも大きな質的変化を起こした。

社会階層というものは、その大移民の時代にともなって変化、変質していく。漢の時代は豪族の社会であるのに対し、六朝（南朝）の時代は貴族社会であった。隋唐も貴族の時代がつづく。日本でも奈良時代は貴族社会だったが、鎌倉時代から武士階級が台頭しはじめる。

隋唐王朝とも北朝の流れをくむトルコ系の貴族である。唐の皇帝はただ有力な貴族の一つであって、宋以後の歴代王朝の皇帝の権力とはまったく異なっている。

唐代では中央政府に中書《ちゅうしょ》、門下《もんか》、尚書《しょうしょ》の三省を設けた。中書省は天子（皇帝）の詔令を起草する機構である。門下省は貴族勢力を代表する機構で、中書省から送られてきた天子の詔令を審議し、不当あるいは貴族階級の利益に反するところがあれば「封《ふう》駁《ばく》」、つまり中書省に送り返すことができた。尚書省は詔令を執行する機構である。

しかし、唐以後の千余年の間で、もっとも三権分立に近い時代は唐初に限られている。安史の乱（七五五～七六三年）以後の唐では武人が台頭し、宋以後から君主独裁制が時代とともに強化されていく。

唐は安史の乱と黄巣の乱（八七四～八八四年）以後も、契丹人の遼、女真人の金が北方を支配した時代も、六朝時代に北人が南方へ逃れたのと同じように、北方から南方への三大大移民の時代ともいわれている。南宋の時代になって、三度目といわれる北方からの大移民と植民地化によって、百越の地は中国化し、そして徐々に中原に代わって江南が中国の重心に変わっていく。

東部モンゴル系の契丹人の遼とツングース系の女真人の金は、北方の草原とは違い、満州の森林から南下して中原・中国を征服し、遊牧民と農耕民の徹底的な二重機構による植民地支配を行った。ことに大モンゴル帝国はチンギス・ハーンの孫フビライ・ハーンが南下して全中国を征服し、モンゴル人至上主義で、モンゴル、色目《しきもく》（いろいろな種類の人々)、漢人(旧金朝治下の人々)、南人(旧南宋治下の人々)という四つの階級に分けて統治した。遼・金・元の三王朝は征服王朝といわれるが、実質的には近代西洋植民地以上に、農耕民に対する遊牧民の徹底的な植民地支配であった。

遼・金の北中国支配の時代は、南宋との関係で言えば、実質的には宗主国と属国の関係に近い。南宋は遼・金に巨額の歳貢をはらって政権を守らざるをえなかった。

遼・金ともに北方からの大量の移民で中国支配を維持しつづけ、女真人は、ほとんどが中国農民の税金と南宋からの歳貢で軍事力を支えた。このような遊牧民の中国植民地支配は、契丹人から女真人、さらにモンゴル人へと時代とともに強化されていったのである。

7 「中国」は清の植民地だった

中国史の中で、清王朝は最後の中華帝国、中華文化・文明の完成者として見られ、語られるのが主流である。一方で、清王朝支配下の中国については、たとえば岡田英弘教授のように「清の植民地」と見る学者もいる。史観は、中国の伝統的正統主義史観から歴史を見るか、あるいは満州人・モンゴル人など夷狄とされる非漢人から歴史を見るか、世界史から見るか、「政治」から見るか「歴史」から見るかによって異なるのも当然だ。

私はロシア帝国が第三ローマ帝国と自負するように、清帝国は第三中華帝国と見る一人である。

もっと時代をさかのぼって歴史を見れば、満州人は万里の長城外のいわゆる「関外《がい》」あるいは「塞外《さいがい》」の民族である。後金国を建国した満州人の太祖ヌルハチは、金の後継国家として、明とは敵対関係にあった。二代目の太宗ホンタイジの代に、モンゴル人と連合帝国をつくり、チンギス・ハーン以来の元朝伝国の印璽《いんじ》も北元の後継者から引き受けて、清と号した。

そして、モンゴル帝国の後継国家として、長城を越えて、明を滅ぼした農民反乱軍の首領・李自成《りじせい》（一六〇六頃〜四五年）の大順王朝を北京から追い出し、次の順治《じゅんち》帝の時代から中国を征服した。

その後さらに康熙《こうき》・雍正《ようせい》・乾隆《けんりゅう》まで三代約百三十余年をかけて、西の草原帝国であったジュンガル・ハーン国と征戦を繰り返し、最終的にはジュンガル帝国を滅ぼし、ジュンガル支配下のチベットをもその勢力下に収めた。それが清帝国のアジア征服の歴史であった。

もちろん「中国」まで征服されたにもかかわらず、乾隆帝が拡げた史上最大の版図こそが中国の統一が達成された時代と説く中国の歴史学者もいる。しかし清帝国は版図を一律に統治したわけではない。支配下のアジア諸民族の地位はそれぞれ違っていた。朝鮮や越南などは属国であり、モンゴルは盟友とした。チベットは教皇領として、ダライ・ラマとパンチェン・ラマは皇帝の国師となり、新疆の回部とともに藩部と称され、外様大名であった。

ではなぜ中国は清の植民地と見なされるべきか。近代西洋植民地の概念とはかなり異なるが、征服国家が植民地に対して行う政策との共通項はあまりにも多いのである。たとえば満州人は宦官《かんがん》にしない。漢族は絶対に宮女にしない。漢族の藩部・藩属・化外《けがい》の地への移住禁止。対外公文書は漢文を使わず、すべて満蒙文やラテン文であり、やっと漢文を対外条約に使用しはじめたのは、アヘン戦争後の南京条約である。漢人の夷語（外国語）学習の禁止。夷人への漢語・漢文伝授の禁止。満州人と漢人の二重官僚制度。皇帝直属の最高権力者である軍機大臣に漢人を登用しない。天朝の軍隊（中央軍）は満州人伝統の八旗《はっき》軍で、漢人は地方部隊の緑営《りょくえい》。漢人はいかなる重臣といえども、清皇帝に対し「家奴《かど》」（下僕）と自称……など。

清の皇族も、亡国寸前まで「国家を外人（列強）に渡すも家奴（中国人）には渡さない」という主人意識を強く持っていた。だからこそ、孫文ら最初の革命派の政治結社である興中会も革命同盟会も、政治綱領は「韃靼（タタール）を駆逐し、中華を回復す」というもので、満州人を追い出して植民地からの解放を目指していたのだ。

8 「租界」は中国人のかけこみ寺だった

共産主義革命後の中国だけでなく、戦後日本教育を受けた日本人でも、戦前中国の「租界」は列強の中国侵略の根拠地、諸悪の根源というイメージが強い。それはまったく史実とは逆である。戦後つくられた植民地イメージからくるものだ。

すでに述べてきたように、そもそも中国人の華夷意識は古代から強く、今でもあまり変わっていない。夷狄への差別意識はまさしく人獣差別に等しい。

唐や宋の時代には都の長安や貿易港の広州に「蕃坊《ばんぼう》」と呼ばれる外国人居留地があった。厳格な夷人統制の下で、夷人をそこに閉じ込め、夷人がもたらす珍奇な文物は政府が独占したのである。唐代の黄巣の乱当時、広州のイスラム商人は十数万人も虐殺されたとされ、南洋貿易が後退したということも歴史にある。

明の太祖の時代になると極端な排外的漢族国家がつくられた。ポルトガル人は海賊退治の功でマカオを交易の地として租借し、広州に夷館を設けた。明清とも陸禁・海禁（陸上および海上による民間の対外交易の禁止）のきびしかった時代で、乾隆帝の時代に広州の広東十三洋行（貿易商社）のみが対外交易の窓口となる制度ができた。アヘン戦争後、南京条約（一八四二年）にもとづいて上海「租界」が誕生した（一八四五年）。やがて海港都市だけでなく、内陸にも列強の租界は多く生まれた。十九世紀末までに、他に天津《てんしん》、漢口、厦門《アモイ》、重慶など各地の租界は二十八カ所にのぼった。

たしかに租界は魔界でもあった。賭博が公認されて、幇会《ほうかい》（青幇《チンパン》などマフィア・ギャング団）組織や共産分子が跳梁し、悪の巣窟となって凶悪な犯罪が起きたのも事実だ。しかし犯罪の温床というのは中国の大都市に共通した一大特徴であり、別に租界にかぎられたことではない。今日の世界のチャイナ・タウンでも中国人の凶悪犯罪は多い。

しかし、「租界」は植民地都市のシンボルであっても、決してすべてがマイナスイメージではない。むしろそれは中華文明が衰退するなか、近代西洋文明流入の窓口であった。中国人はそれを見ながら先進的な西夷文明の文物に驚嘆し、かつ開眼した。租界は物質面のみならず、政治制度も、治安状態も、中国伝統社会に比べると、はるかにすばらしかった。だから租界は各地方の都市のモデルとして中国の近代化に大きく貢献した。近代化の牽引車の役割を果したたというのが史実だ。

中国人の極端な人種差別からすれば、「租界」は「蕃坊」として忌み嫌われる、「野蛮人の地」のはずだった。しかし内戦の激化と日常化につれて、彼らの生命財産を保証してくれる場所は唯一、租界しかなかった。そこでは中国の伝統的暴力がなく、近代的な法秩序が保たれていたからである。だから租界は戦乱中国のかけこみ寺となり、各地の中国人は続々と流入して巨大化していく。というのは、中国人の人生最大の夢とは「租界」というユートピアに住むということだったのだ。

洪秀全《こうしゅうぜん》の太平天国の乱（一八五一～六四年）、辛亥《しんがい》革命（一九一一年）、そして蘆溝橋《ろこうきょう》事件（一九三七年）にいたるまで、中国人は動乱のたびに群れをなして各地の租界へなだれ込んでいる。

上海ではそのような状況に対して、租界当局は革命や内戦のたびに戒厳令をしき、租界義勇隊・警察隊さらに列強の各国軍隊まで出動させ、外界との境界や主要道路を封鎖し、武装中国兵ですら進入させなかった。しかしそれでも民衆の流入は阻止できなかったのである。

失脚した政界、軍界、革命の指導者たちも大勢租界に避難して再起を期した。新聞の発行も自由だったから、租界は政治運動、革命運動、そして有力な反日運動の震源地でもあった。もし租界がなければ、革命運動は育たなかったはずだ。中国近代史も大きく変わっていただろう。辛亥革命の蜂起の火蓋を切った爆弾は漢口のロシア租界で密造されたものだ。中華民国樹立について話し合われた最初の各省代表会議も、漢口のイギリス租界においてだった。

戦後日本の進歩的文化人は租界について暗黒面ばかり語っているが、内戦から命からがらに逃げてきた民衆を中国政府に代わって保護したのが租界だった。もちろん逃げ込んだ人物を政敵が暗殺することもしばしば起こった。租界が中国と隣り合わせである以上、闘争や犯罪の波及は防ぎようがなかったのだ。

最初につくられた上海租界はわずか〇・五六平方キロ、長崎出島ぐらいのものだった。やがて共同租界やフランス租界もつくられ、中国人が流れ込み、上海は租界を中心に巨大な国際都市として成長し、租界内部の中国人だけでも百数十万人にのぼった。上海が南京条約締結後十年経たずに、清国最大の貿易・経済の中心となったのは上海租界があったからだろう。

その上海租界の経済的効果の原理を利用したのが、鄧小平の改革開放政策であった。そのシンボルが「経済特区」である。アヘン戦争後の上海をはじめとする五港（他に広州、厦門、福州、寧波《ねいは》）の開港と同じように、鄧小平の改革開放も、深圳《しんせん》をはじめとする経済特区を指定した。

深圳は人口三万人にもみたない一寒村にすぎなかったが、ただ鉄線網で囲い込んで第二国境線をつくり、外資を導入して自由にやらせれば、十数年で高層ビルが林立し、三百万人の都市に大変身したのだ。上海租界とまったく同じであった。ひと言でいえば、「経済」に「自由（レッセフェール）」を与えただけのことだと言ってもいいだろう。

中国では支配者が代わるたびに、地方の地主と住民から新しい租税をとっていくという二重搾取、三重搾取をくりかえしていた。中華民国時代には、各地方の軍閥だけでなく、革命指導者さえもたいてい支配地域の地主や民衆から租税を先取りするのがほとんどであった。数年先やら数十年後の租税を先取りしていくだけでなく、百年後の租税をとっていくことさえ珍しくない。地主と民衆は租税に悩み、ことに共産党の八路《はちろ》軍、解放軍の地主に対する解放区内の清算闘争はもっとも激しいものだった。

また中国には古来、国民徴兵制度がないので、軍閥の兵士だけでなく、国民党軍や共産党軍も、すべてが私兵である。戦争に負ければ給与どころではなく、人生がすべて失われていく。だから、敗残兵は住民から略奪して生きのびていくだけでなく、敵地を占領した兵士も、個別的に戦費や褒賞を好き勝手に調達していく。

新しい支配者が出現するたびに、物資を強制買上げするための省内でしか通用しない不換紙幣が乱発されるが、紙くず同然のものなので、深刻なインフレが加速的に昂進していく。

一方、租界は中国各派各系の軍隊がいくら戦争に勝っても指一本ふれられないのが実情で、軍隊とともに暗躍する匪賊も、租界だけはどうにもならなかった。中国人にとっては、租界だけがかけこみ寺であり、パラダイスでもあったのだ。

9　台湾は日本によって解放された

台湾は大航海時代後からはじめて世界史に登場した。それ以前の歴史は古典に若干記録はあったものの、倭寇《わこう》の根拠地であること以外は明確ではなかった。台湾四百年史といわれるのは台湾人の歴史常識である。

はじめての行政府は、オランダがジャワのジャカルタで一六〇二年に設立した東インド会社の台湾支店であった。一六二四年のことで、支店長（＝台湾長官）は植民地行政の責任者でもあった。その前後には日本・オランダ・スペインの台湾領有をめぐる争いはあったものの、オランダの台湾南部領有とスペインの台湾北部占領（一六二六年）から実質的な台湾史が始まる。

その後、鄭成功《ていせいこう》の父子三代、康熙帝《こうきてい》から二百十二年の清国時代、そして日清戦争を経て下関条約（一八九五年）により清国は台湾を日本に永久割譲した。終戦後、中華民国軍が進駐、サンフランシスコ講和条約により日本が台湾領有を放棄して今日に至る。

台湾有史以来の四百年近くの歴史については、台湾人の歴史観からすれば、すべてが外来政権による植民地統治と見なすのが一般常識であるが、中国の台湾認識だけはまったく異なる。「古《いにしえ》より中国の固有領土」という主張に徹している。そこが台湾人と中国人の史観のちがいである。

下関条約から終戦に至るまでの五十年間については、朝鮮、満州と共に日本の三大植民地と見なされるのが戦後日本の「歴史常識」であるが、もちろんそれは決して戦前の常識ではなかった。

日本の台湾領有当初、日本帝国憲法は新しい領土が加わるとは想定していなかった。だから台湾ははたして日本の「植民地」であるのかどうか、「内地」と見なすのかどうかについて、当時司法省のイギリス人顧問であるカークウッド・モンテーダ、フランス人顧問のミッシェル・デュポンと台湾事務局員の原敬《たかし》(後に首相)の見解はそれぞれ異なっている。すなわち、「内地」と見なすのであれば立法・行政・司法の全てが内地と同じでなければならず、「植民地」であれば現地の実情と統治に即した三権を施行するのが妥当ということになる。

原の見解は、普仏戦争後フランスからプロシャに割譲したアルザス・ロレーヌと同じく、九州、四国同様、内地の延長と見なすべきだというもので、これがむしろ文民総督時代以後の常識的見解となった。

第二十一回、二十二回の日本帝国議会においても、台湾ははたして植民地かどうかをめぐる論争があった。初代の樺山資紀《かばやますけのり》から桂《かつら》太郎、田《でん》健治郎、そして第十八代目の長谷川清など歴代台湾総督の見解も、決して同一ではない。

もちろん台湾から見れば、いくら中国が「古より不可分の固有領土」一点ばりの「政治」主張をしても、オランダ・スペイン・鄭氏王朝・清朝・日本・中華民国はすべて外来政権である。中国大陸からの外来政権だけが例外ではない。台湾人の史観とチベット人やウイグル人、モンゴル人など非漢人との史観には共通するところも多いだろう。

台湾から見ると、中国大陸からやってきた鄭成功の親子三代の台湾統治は、二代目の鄭経《ていけい》が清と対抗するため独立王国である「東寧《とうねい》王国」を建設した歴史があっても、それは倭寇の流れをくむ外来の植民地政府であった。

また、康熙帝の台湾征服（一六八三年）から二百十二年間にわたる清朝支配は、海禁を断続的にしき、山禁（先住民が居住する地域＝山地への入植の禁止）までして、その植民地収奪は極めて過酷だった。農民の生産物は半分が役人に上納、それ以上に土匪《どひ》も農民から税を取り、二重の収奪になっていた。だから「三年一小反、五年一大乱」と言われ、じっさい平均二年未満で反乱がくりかえされていた。

だから日清戦争後、台湾を日本へ永久割譲したことは台湾人にとっては清の植民地統治からの解放であった。

戦後台湾は中華民国の統治下に入ったが、そこには中国人（外省人）による台湾人（本省人）の二・二八大虐殺（一九四七年、二万八千人を殺害）の歴史があり、四十年近くにわたる「白色テロ」の時代があった。李登輝と司馬遼太郎の対談で「台湾人として生まれた悲哀」をテーマにしたのは、そういう植民地としての悲しみという歴史観を有しているからだ。それは中国の植民地統治の「かたち」とは何かを問うところのテーマではないだろうか。

10　なぜ満州国に中国人が殺到したか

「満州事変」(一九三一年) は、中国では「九・一八事変」と称され、「国恥記念日」とされている。満州国は一九三二年三月の成立後すでに日本の「傀儡《かいらい》政府」とされ、ことに戦後日本では満州まで台湾・朝鮮と並ぶ日本の三大植民地と見なされている。いずれにせよ、満州は貶《おとし》められていると言わねばならない。

満州と中国の長い歴史を見るかぎり、満州の地は万里の長城の外で、古代からいわゆる「関外」「塞外《さいがい》」の地であった。歴史から見て、中国とは天敵だった。清の太祖ヌルハチが後金国をつくった目的は、明の迫害に対する復仇《ふっきゅう》のためであり、「七大恨」を掲げて、ついに中国を征服に至っているのが満州人の歴史であった。

三代目の順治帝以後から中国統治のために、満州人は徐々に中国に移住、満州は入植禁止という「封禁《ほうきん》」の地となった。「封禁」を解除したのは、回教徒 (イスラム教徒) の反乱、いわゆる「回乱」以後、十九世紀末からのことであった。

一九〇〇年の義和団の乱（北清事変）で満州全域は出兵したロシア軍に占領され、一九〇五年の日露戦争後、日露両勢力によって南満と北満に二分された。日本の「特殊権益」「日本の生命線」とまで日本が主張したのも、それなりの歴史的ないきさつがあったからだ。

満州国の国造りから崩壊に至るまでは十三年余しかなかったが、私から見た満州国はじつにすばらしいの一言につきる。日本の開国維新後の文明開化・殖産興業を十分の一の時間で集約的に作り上げた、五族共和の近代国民国家としての最高のモデル国家だともいえる。中国人にとっては、さながらの「王道楽土」であった。

北清事変から日露戦争の間、満州の人口は約百万から数百万人と推定されている。このフランスとドイツをあわせたのとほぼ同面積、同緯度の満州は、さまざまな可能性をひめていた。やがて移民競争が満州の未来を決めることになると、「リットン報告」で知られるリットン卿も予言していた。

満州は日露戦争後、日本の満鉄経営とともに人口が急増した。もちろん日本にも、百万戸・五百万人の移民計画があったものの、満州国の消滅までにはその三分の一にも達していなかった。

そこに中国からの流民が殺到した。中国には、戦乱と飢饉のたびに繰りかえし噴出する大量の流民があったのである。満州国が成立した当時、人口はすでに三千万人をはるかに超えていて、満州国が消滅した時点では四千五百万人前後かそれ以上に達していた。連年平均百万人以上の流民が万里の長城を越え、満州というかけこみ寺に殺到したのである。

結果的には、日本がつくった王道楽土は日本の植民地ではなく中国の移民植民地となり、中華人民共和国の建国後、満州は中国の最先進地域として、その遺産は文革終結に至るまで共和国を支えた。すなわち、満州国の遺産を食い潰したから改革開放へと転換せざるをえなかったのである。

満州の地が中国の移民植民地になったのは二十世紀に入ってからのことである。満州国消滅後も年々人口が増え、億を超えたのは九〇年代初めで、二〇〇〇年に入ってからは一億三千万人になった。今後さらに増えつづけていくだろう。

11　歴史に逆行する最後の植民地帝国

戦後、世界の同時的な植民地帝国の崩壊は、敗戦国だけでなく、戦勝国にも植民地時代の終焉を告げた。しかしこれとは逆に、ロシア・ソ連と中国は急拡大し、世界最大の二大植民地帝国となった。ところが、ソ連は二十世紀末には崩壊し、最後に残るのは大中華植民帝国のみである。中国の移民、植民について見ていく。

中国人の移民について語るとき、「華僑」についてはは誤解が多い。それは東南アジアを中心とする海外に出た中国人のことだと思われがちである。だが、じつは漢帝国崩壊後の魏晋南北朝時代から長江以南の江南に流れ込んだ大勢の移民は「僑」と呼ばれ、華僑（漢僑）の先頭部隊であった。

南北朝時代の第一波につづく唐の安史の乱と黄巣の乱の時代が第二波、さらに北宋から南宋の時代が第三波と、これが陸の華僑の南下の時代であった。

第四波は、北方から江南への大植民運動ではなく、明清の時代に大勢は雲貴高原へ流れ込み、漢族と非漢族の民族対立が継起激化していく。そして、やがて陸から海へあふれ出したのが南洋の華僑である。

もちろん華僑は倭寇の時代と大航海の時代にともなって「ピッグ・トレード」の盛行とともに「黄色い奴隷」としても売られていく。奴隷貿易の時代にアフリカから売られた「黒い奴隷」は約六千万人と推定され、「黄色い奴隷」はその約十分の一とも推計されている。陳翰笙《ちんかんしょう》の『「猪仔」出洋』によれば、十八〜二十世紀の間、売られた「猪仔」（ピッグ＝中国人奴隷）は少なくとも六百〜七百万人と推定されている。

改革開放後の九〇年代から、ことに中国政府の「走出去」（外へ出ろ）の国是国策もあって、中国から海外流出した新移民は年間三百万人にのぼると私は推定している。

中華帝国はマックス・ウエバーにいわせると家産制国家で、中央の地方に対する経済的収奪は植民地以上であった。だから地方の財的・物的・人的資源の中央への一極集中は地方の資源の枯渇をきたし、地方の崩壊は中央との同時崩壊をもたらす。それが易姓革命の原因にもなっているのだ。

清帝国は二十世紀の初頭に辛亥革命によって崩壊、中華民国、中華人民共和国と政体は変わったものの、民国も人民共和国も帝国の国の「かたち」はほとんど変わっていない。清朝の盛世に征服した諸民族の地を再征服し、そして植民地の再統治を「中華振興」と称しているのだ。

このような国是のもとで、民国につづいて人民共和国成立後も、内モンゴル草原をめざして植民はつづく。大躍進の時代から、青年生産建設兵団が新開の植民地、新疆・ウイグルへと進軍していく。文革以後からはチベット高原をめざして植民していく。

実は十九世紀の八〇年代前半まで、満州も内モンゴルも回部もチベットも、海外の台湾までも、封禁の地であった。「封禁の地」とは実質的には「中国人入るべからずの地」である。それがわずか一世紀で、中国が清の盛世に征服した諸民族の地を、中国の植民地として再建し、中国からの「政治難民」「経済難民」「環境難民」など、アーノルド・トインビーがいうところの「平和的浸透力」が森林から草原を埋めつくしていく。

諸国民が二十一世紀をめざして進んでいたのと違って、中国のみが、現代から近代、近世、中世、古代へと歴史を回帰しているのだ。

第4章

「詐」と「騙」と「偽」の中国文化史

1　今も続く差別的な世界観

どの民族も、ことに古代人は現代人とは違って、それぞれ独自の宇宙観と世界観（天下観）をもっていた。たとえば「常識」として知られているのは、現代の天体物理学とは異なる天円地方説（天が丸く、地は四角）である。

古代中国人は古代ギリシャ人とは違って、唯一の最高実体を球体とする考えはなかった。中国人の円は平面的である。中国人の代表的な世界観とは、中原・中国を中心に、その周りは夷狄に囲まれているという世界観である。中華思想として、古代だけでなく今現在でさえも残っている。

たとえば、明末清初の十七世紀に至って、もっとも知名な大儒学者で抗清に徹した王夫之《おうふうし》は史論『読通鑑論《どくつがんろん》』の中で、地理学的「常識」としてもあいかわらず、「中土（中原・中国）以外の地はすべて禽獣《きんじゅう》の地」と見なしている。漢人は中原の地に生まれたので、資質が高いのはごく当然なことだ、夷狄は辺境に生まれたので、資質が低いのは必定だということである。

もちろんそういう優越意識はヒトラーのゲルマン人優越説もそうであるように、一種の地理的・先天的民族優越説である。

また、呂留良《りょりゅうりょう》は『四書講義』の「注」に「中国は陰陽和合の地であり、ここで生まれたのが人間で、中土以外の地で生まれたのは、すべて禽獣に属する」という。曽静《そうせい》は彼が撰した『知新録』の中で、この地理的人間観を受けついで「天から人と物が生まれる原理は相異なる。中土の地で生まれたのは陰陽と徳を合して人となり、周辺は地形険阻《けんそ》にして辺鄙《へんぴ》のため、夷狄となり、その下が禽獣となる」という。

これが、いわゆる呂留良・曽静の「大逆事件」（文字の獄）の一因となって、時の雍正帝は『大義覚迷録』を著して反論したほどだった。

アヘン戦争で清朝が敗けた。南京条約には、これからは絶対イギリスを英夷と呼ばないとまで決めても守らないので、アロー戦争後の天津条約にもう一回、西洋人を一切西夷と呼ばないと明文化しても、それでも守らなかった。

一八九八年の戊戌維新の前に、康有為、梁啓超は下野していた伊藤博文元首相を政治顧問として迎えようとして明治維新の要訣を聞いたところ、伊藤は「まず外人を夷狄（野蛮人）と呼ばないことからだ」とアドバイスしたら、康、梁は「あれは年輩者の口グセだから。われわれ若い世代はもうそうは呼ばない」と弁解した。どう見ても今でもたいした変わりはない。たとえば、ライス米国務長官が訪中したさい、中国のネットには「黒い犬」「黒い幽霊」と黒人差別語が横行した。アメリカ本土よりも中国人の方が黒人に対する人種差別意識は強いのだ。

古代中国人の代表的な宇宙観、地理観がうかがえる著作には、『尚書』（書経）の「禹貢《うこう》」の「五服説」がある。これ以外に、戦国時代の作といわれる『山海経《せんがいきょう》』の「地理誌」と前漢時代の『淮南子《えなんじ》』の「地形訓」がある。それは、中国人の地理的知識と空想力の代表書である。

この五服説については、いわば中華・中原思想の骨格がうかがえるので、少々説明しておこう。天子の直轄地である五百里四方を甸服《でんぷく》という。その甸服の外側に向かって五百里離れるごとに、侯服《こうふく》、綏服《すいふく》（賓《ひん》服）、要服《ようふく》、荒服《こうふく》と称し、最果ての外側を、東は海、西は流砂《りゅうさ》（砂漠）、北と南は声教の及ぶところまでとした（当時の一里が何キロメートルか定かでないが、春秋戦国時代では約〇・三六キロメートルとされる。これを基にすると五百里は約百八十キロメートルになる）。

この地域を天子との君臣関係でいえば、『荀子《じゅんし》』の「正論」によると、甸服は毎日礼拝に参加し、候服は月祀《げっし》、賓服は四季の礼を行い、要服は年貢、荒服は王が「一代一朝」という礼を行う。こうして天子は「礼」をもって天下を秩序づけたとする。『山海経』や『淮南子』によれば、古代中国人である「華夏の民」の居住空間は「九州」あるいは「九畿」と呼ばれる。そこが天下の中心で、その外側に八殥《はっぴん》、八紘《はっこう》、八極と呼ばれる空間がある。九州を中心とする最果ての地が宇宙と接する八極と考えられ、八極には計八つの門がある。風が宇宙から八門の内へ吹き込んできて、八紘の気と混合して天下の気象を決める。さらに八殥の雲から風雨となり、九州へと降りそそぐ。八極の八つの門にはそれぞれ八本の柱があって天を支える。つまり天円地方の宇宙観となった。このように古代中国人の宇宙観は八極に至って自己完結し、ついに想像力の限界に達したのである。

2　偽作の伝統は最古の古典から始まる

四書五経といえば、キリスト教の聖書のように、中国の代表的な古典である。「四書」とは『礼記《らいき》』の中の二編を抜きだした『大学』『中庸』と『論語』『孟子』の四書の総称である。「五経」とは、孔子以前にすでに存在していた『書経』（尚書）、『詩経』（毛詩）、『礼記』『易経』（周易）、『春秋』（左氏《さし》春秋）の五つの経典である。

これ以外に宋代に確定した「十三経」と称するくくり方がある。『詩』『書』『易』を「三経」と称し、ほかに『礼記』『儀礼』『周礼』の「三礼」、『春秋』の「三伝」（春秋左氏伝、春秋公羊《くよう》伝、春秋穀梁《こくりよう》伝）、それに『孝経』『爾雅《じが》』『論語』『孟子』を総称して十三経とされる。

では、古典をどう読むべきか、どう解釈するか。学者が注釈し解釈し、その注についての読解にはそれまた注を付けくわえ、注の注が疎《そ》である。古典を読むのには、その注を読み、またその注の注を読まなければ意味が分からない、あるいは一知半解しかできない。

だから、四書五経にはそれぞれの「注疏」があり、宋末にはその集大成である『十三経注疏』もあった。『史記』をはじめとする諸史をも含めて、それが中国の文人のすべての「学問」となり、ことに科挙制度が実施されてから千余年の間、中国の文人はもっぱら四書五経とその注疏の暗記で青春や一生を終わってしまうことも多い。その害は焚書坑儒以上だと批判もされ、一九〇五年についに科挙制度は廃止された。

四書五経や十三経のうち中国最古の経典とされるのは、いわゆる孔子の編という『尚書』（書経）である。『尚書』には『春秋』や『詩経』と同じく多くの注疏がある。欧陽生のもの、大夏侯のもの、小夏侯のものと、それぞれ異なる三家のものがある。

中国最初の地理書は『尚書』の「禹貢」篇で、今でももっとも頻繁に引用されているのは「島夷帰服」の四文字で、たいてい「中国の絶対不可分の神聖なる固有領土」の主張に利用されている。「島夷帰服」という四文字の意味は、周王の徳を慕って、島の夷狄まで競って臣服するという、ただそれだけの意味である。中国の文人はすぐこの島の人を台湾の原住民だと拡大解釈し、台湾は三千年か四千年前にすでに中国の絶対不可分の一部であると主張する。それどころか、南シナ海をめぐる島嶼《とうしょ》争奪の論拠としても、無人島、島夷のいない島まで、すでに三～四千年前に中国の領土だと、中国の文人は荒唐無稽な主張をする。

『尚書』は古代にはただ「書」と称される。漢の時代に入ってから『尚書』といわれ、『書経』と称されるのは宋代の科挙制度が本格化してからのことである。『尚書』の内容は虞書・夏書・商書・周書に分かれ、歴代史官の記録であるが、じつは魯国の周公に関する記録が中心で、儒家の手によってさまざまな記録を加えられたものだともいわれる。

漢の時代に入って、儒者の経書に対する解釈は古文《こぶん》派と今文《きんぶん》派に分かれた。なぜかというと、従来からそれぞれの経書に関していくつかの学派があり、その学派間の論点の相違はテキストとされる経書の伝本が異なっていたからである。儒学の中心的書物である『尚書』の伝本にも二種類があり、それが『古文尚書』と『今文尚書』である。

かくして儒学者たちはどの『尚書』に依るかによって二分されたのである。今文派は国定本の主流になっても内部にはそれまた分派が多く生まれ、経学が大混乱した。

しかし現存の『古文尚書』は西晋滅亡直前の永嘉の大乱後に書物が散逸した後、東晋の梅賾が偽作したものである。それを真本と信じた唐の孔穎達《くえいたつ》が疏を作って「五経正義」の国定本として教え、宋代になって、朱熹《しゅき》（朱子）の門人蔡沈《さいちん》は『書経集伝』

を作って広く教えられた。

清代に入って考証学が盛行し、閻若璩《えんじゃくきょ》が『尚書古文疏証』の中で「孔安国伝」をはじめ、漢代の古文今文に相共通する二十九篇以外はすべてが東晋時代の偽作だと論破している。

では、漢代に入って今文がなぜ出たかというと、歴史背景として、漢字の書体（字体）の流行と進化がある。現在の標準的な書体を楷書というが、その原型となった隷《れい》書《しょ》が、そのころ流行りはじめた。隷書とは徒隷すなわち卑しい身分の者でも理解できる書体、という意味である。そこで儒者たちは隷書をつかって古典を書き写した。これが今文の経典である。当然、書き漏らしや書き加え、書き誤りなどが生じるのは避けられない。

そこで次に、このことをあれこれ論じる今文経学が生まれ、古典も瑣末《さまつ》なことに足許をすくわれて本来の面目を失ってしまったのだ。ことに孔子の儒学が独尊されると、孔子の思想と異なるとされたものは改竄《かいざん》され、孔子以前の経書の原義まで失ってしまうのである。

文人による経書、歴史の捏造、あるいは偽作、歪曲は儒教の国教化によって、中国文人の天命にもなってしまったのだ。

中国古代史家の顧頡剛《こけつごう》は『尚書』研究者としても有名である。顧は、堯・舜・禹・湯・文・武・周公などの伝説は、主に戦国時代から前漢にかけて、封建制度を理想とする儒者たちの手によって創作された歴史体系である、と偽作史を喝破しているのだ。

3　病的な懐古趣味の呪縛がある

中国人はたいてい稽古的、懐古的、復古的趣味をもっている。古ければ古いほどよいと考える人が多い。学校教育でも五千年の歴史という悠久なる歴史文化を誇りにしている。

その代わりに、きわめて新奇なことを忌み嫌う。学校では「標新立異」は先生が学生を説教する言葉となり、社会では奇抜な服装は「奇装異服」として、異なる髪型だけでも警察の取り締まりの対象となり、罰金や逮捕されることさえ珍しくはない。「標新立異」とは新しい意見や表現を掲げることや全体に対して異を立てることの意味で、「奇装異服」とは一般の衣装とは違うものの意味である。新しいものの禁止は尚古《しょうこ》（昔はよかった）の考えからくるもので、尚古主義とも言われる。

もっとも象徴的なのは後漢時代の学問に対する「師承《ししょう》」の規定だ。弟子はただただ師からの教えを学習し稽古のみしか許されないことで、師を越えてはならないという規定である。それが、師弟の道ともなっている。

「立異」の禁止というのは、「異説異論や異行」の禁止で、全体主義思想からくるものだ。それは漢の武帝時代からの儒家独尊の国教化に始まり、以後の科挙制度によって定着化し、学問というものは暗誦《あんしょう》しか許されず、朱子学がもっとも極端である。中華民国は孫文の「三民主義」、中華人民共和国はマルクス・レーニン・毛沢東思想の独尊がそのシンボルだ。

異なる服装の可否をめぐる対決でもっとも有名なのは、戦国時代の趙の武霊王《ちょうのぶれい》による「胡服射騎」の採用、すなわち北方騎馬民族の戦法（馬を御しやすい胡服を着て弓矢を主体に闘う騎馬戦術）を導入しようとする趙王と群臣との強兵論争や、清朝初期に満州族の旗服と弁髪を強制したのが有名である。

古ければ古いほどよいという特色をもつ民族的性格から、古代には古代聖人に仮託する言説が流行していた。だから中国人の歴史捏造もこの尚古主義の趣向から生まれたものが多い。

古代史家の顧頡剛によれば、「時代が後になればなるほど伝説上の古代史の期間は長くなる」という。氏によれば、周代の最古の人は夏を建てたという禹《う》であった。春秋時代の孔子のころになると最古の人は禹が仕えたという堯《ぎょう》や舜《しゅん》であった。黄帝や神農の話が出たのは戦国時代で、黄帝よりももっと古い三皇（天皇《てんこう》、地皇《ちこう》、泰皇《たいこう》）が出たのは秦の時代である。

盤古《ばんこ》の開天闢地《びゃくち》の神話が出たのは漢以後の時代で、仏教が中国に流入後、インド神話から生まれた中国最古の話である。

顧氏によれば、古代神話の人物が「実在人化」されたことによって、古代は黄金時代となり、言いふらされるようになった。じっさい三皇五帝の黄金時代は戦国以後の学者のつくり話で、古代の帝王の王道の話もそうだと指摘している。

春秋戦国時代の諸子百家は自説の権威を高めるために、競って古代聖人の説に仮託して、嘘の競演になった。儒家の一派が最後に完勝したのは、漢の武帝が「儒家独尊」をきめ、国教化してからである。

尚古主義の習性に従い、思想は古いものほど尊重されるので、特異な中国文化が形成されることになった。そのために社会は停滞し、文化も思想も変化なく硬直化したままとなった。

中国人の日常生活はよく古典の制約を受け、ことに「五経」からの影響が大きい。中国人からみれば、人生のすべての道理は五経のなかにあり、五経は先例中の先例として、その他のすべての先例を支配する。それはキリスト教の聖書以上に絶対無比の

「真理」となっている。

古典が中国人の日常生活の規範となったのは、はるか三千年前の周の時代からと推測される。それ以来、『春秋左氏伝』は『詩経』と『書経』の先例に従い、孔子の時代になるとほとんどが「述べて作らず、信じて古《いにしえ》を好む」ということになり、中華文化はだんだんと創造性を失っていった。「述べて作らず」は先人、聖人の言説に対する単純な学習と模倣にある。

生活規範は現実社会の必要からではなく、すべてが書物のなかにある先例からくるので、儒家の主要な任務とは古典の注釈にあるとされた。だが、二千年以上注釈を繰り返してきても、注釈の正誤をめぐる論争は絶えることがなかった。社会主義中国になってからのマルクス・レーニン主義のドグマについての解釈も例外ではない。中国人の尚古主義は、ほとんど病的なのである。

このような古典の権威を絶対視する尚古の精神は、古典に対する批判精神を喪失させるだけでなく、合理主義的思考方法をも窒息させる。儒家の権威の絶対化は、権威に対する懐疑と反抗の精神を失わせる。同時に古代社会とその政治制度に対する憧憬の心情を生み、現体制を維持する保守主義精神を育成する。

尚古主義と現状維持主義とは本質的には同一のものである。中国人の間で自由思想が生まれてこないのも、原因はそこにある。そして、すべてを「古」に従う超保守主義民族としての中国人が生まれたのだ。

過去を理想化して讃える思惟《しい》方式は、おのずと現在と未来に対する堕落と退廃の観念を生み、悲観的、未来否定の思想となっていく。中華文明はこの尚古主義の精神によって、没落と衰亡を決定づけられたのである。

4 道教は大衆の土俗的迷信

中国人はなかなか神道を理解できないように、日本人が道教を理解するのもむずかしい。いや、できないであろう。日本人が仏教徒であるとともに「神道」の信者でもあることは、できないことではない。日本人は結婚式は教会で、葬式は仏式で、正月は神社詣で、ということに決して違和感はない。

儒教は中国文人のシンボルであるが、道教は民衆の土俗的宗教である。もちろん儒教と道教の信仰を共有できないこともない。

日本人はキリスト教徒やイスラム教徒に比べ、それほど信仰心は強くないが、世界でもっとも世俗化した民族である中国人に比べれば、信仰心が強い。「生さえ知らず、いわんや死を」「鬼神を敬して遠ざかる」という孔子の言葉は無神論の象徴であるが、そもそも儒教徒は葬儀屋のギルド集団であって、鬼神の敬遠を口にしても祖先の葬礼を唱えながら天をも信じるので矛盾ではないかとも批判されるごとく、儒教は宗教よりも倫理の学である。

中国人が世俗化しはじめたのは周以後と考えられ、殷以前の時代は日本の原始神道と同じように神々があった。漢末の天下大乱の時代に、仏教は魂の救いの宗教として中華世界に流入した。道教は、このような時代の中で外来宗教に対抗するために、仏教の教理、ことに「天国と地獄」の思想を盗んで生まれた土俗宗教、というよりも、土俗的迷信の集大成である。

仏教は来世と輪廻《りんね》を唱え、神道も死ねば神になると考えているのに対して、不老不死や昇仙術はむしろ道教の夢であり、修道の道でもある。始皇帝も漢の武帝も不死成仙の術に心酔し、唐の皇帝たちは少なくとも六名は仙人になるために霊薬の仙丹《せんたん》を飲みすぎて亡くなったほどだ。

道教は仏教やキリスト教やイスラム教とは違って、迷信が支配的で、ことに病気治療の呪術に対する過信、愚昧《ぐまい》と迷妄がある。悪魔を封じ、医を施す「禁呪」などの呪法や、さまざまな災いから身を守る「霊符」がある。また、神をわが身に降ろし、舞いながら託宣を下し、災厄を消す「跳神」、邪気や妖怪を駆逐する「劾鬼術」、生者や死者の霊をつなぎとめ、呼び戻す「摂魂」の術のほか、地域の神を祭る「祈安慶成醮《しょう》」（醮＝神を祭る）や「瘟鬼醮《おんきしょう》」（瘟＝熱病の総称）がよく見られる。

道教には親や祖先が地獄でさまざまな責め苦にあっても、子孫たちはそれを救済できるという考えがある。それは太乙《たいいつ》救天尊という神に願い、道士が「破地獄」の儀式を行えばいいという信仰である。

中国人社会はまさしく魑魅魍魎《ちみもうりょう》、百鬼夜行の世界で、祖霊は子孫を救ってくれるだけでなく、亡霊となって祟《たた》りがあるとされている。もちろん人間にとりつき、祟りをなすのは亡霊だけではなく、動物の大蛇も、狐も、植物の柳も悪霊《あくりょう》となって人間に害をあたえると中国人は信じている。

「風水」を重んじ、一里以上の直線道路や巨大建物、高い樹木や電信柱、看板さえ「殺気」が出るので不運や不幸、さらに死人さえ出る。家の方向や墓地、墓石の向きさえ人々の運命まで左右すると信じる。悪霊や悪鬼の害をさけ、さまざまな殺気から免れるためには、道士にお祓《はら》いをしてもらわなければならない。

儒教は文人の教養であるのに対し、道教はたいてい無学文盲の人たちの信仰である。儒教が文人の政治社会の現実理論であるのに対して、道教とは知識人の背後にある大衆の精神的支柱でもある。

5　「騙されるな」が中国人の文化

日本人と中国人とでは子供の教育に大きな違いがある。日本人はたいてい「嘘つきは泥棒のはじまり」だと叱るのに対して、中国人はほとんどが外に出たら「騙《だま》されるな」と丁寧に注意をする。それは中国社会では、買物にしても値切らないと損をするだけでなく、騙されてニセものを買って帰ることも多い。だから、「騙されるな」というのは、そういうような人間不信の社会から生まれるもので、古代からの「伝統文化」ともいえる。

台湾では「唐山客対半切」ということわざがある。唐山とは中国人のことで、買物はたいてい折半まで値切るのが常識だ。蒋介石父子の時代には、すべてのメディアが国家安全局や電波管制法によって管制されていたので、新聞報道といえば常識的にはニュースや情報を伝えるものだが、国民は誰も信用しない。むしろ流言蜚《ひ》語《ご》を信じるので、新聞といえば「都是騙人的」つまり人を騙すものと即反応するのだ。外国機関による調査では、メディアのニュースを信じるのは一%ぐらいで、九九%は「都是騙人的」という反応である。

じっさい、今でも中国人のメディアにはいわゆる「烏龍記事」が多い。全部想像か捏造の記事以外にも、真のことと仮のことを混ぜて報道する手のこんだ巧妙な手法にまで進歩進化もしている。

「人民日報」は一時、この四文字だけが真実で、発行日でさえうたがわしいとまでいわれた。だから、「人民日報は人を騙し、解放軍報は軍人を騙す」などという諧謔もあるのだ。

たとえば百余年前に出ているアーサー・スミスの『シナ人の性格』（一八九〇年）には「面従腹背」「不誠実」「疑心暗鬼」をとりあげている。その後、京城大学の天野利武教授は約七十年前に、六十余の論著から四百数十以上のシナ的性格をまとめ、「疑心暗鬼」以外に、嘘をつく、常習的虚言、不正直、詐欺、陰謀を好むなどをあげている。

もちろん、今でも変わっていないどころか、逆に科学技術の発展、生存競争の激化によって、いっそう巧妙にして精緻に発展している。「騙」ということは、今現在の中国では、「八毒」の一つとして数えているが、あらゆる分野ではびこっている。政治や経済、商品の世界だけではない。学術やマスメディアの世界ではなおさらである。

これも伝統文化として「騙」を文化研究の対象として取り上げているのは、たとえば林其泉教授（廈門《アモイ》大学、歴史学）の『騙文化』（台湾商務印書館）がある。騙の範囲、歴史、内容、技術、意義、価値について社会学あるいは人間関係学の分野として分析し、社会現象としての「騙」だけではなく、いかにして周りから騙を防ぐか、そして騙の未来についてまで取りあげている。

中国の文化は孔子学院が宣伝する孔孟の儒教文化、あるいは老荘思想の道家の文化などだけではなく、古来の伝統文化の一つとしての「騙文化」を知らなければ、真の中国を知ることができない。少なくとも真々仮々、虚々実々を知るには「騙学」にも学ぶべきではなかろうか。

世界の中でもっとも「友好」をしたがるのは、ほかならぬ中国人である。それは、真に「友好」をしたがるかどうかは別として、とにかく口にしたがる。もっとも「友好」の相手として選びたいのは、やはり日本人だ。だから、日中友好を専門とする「友好人士」や「友好商社」が続出していた。なぜ日本人ともっとも「友好にしたい」のかというと、日本人はバカ正直なものが多く、騙されてもまた騙されるからだ。

中国人の「騙術」は決して古代の兵書などだけでなく、「騙術」を教え、あるいはいかに騙子《ペンツ》（詐欺師）から身を守るかを教える「騙の古典」も少なくない。比較的読まれるのは、たとえば明代の張応兪の『鼎刻江湖歴覧杜騙新書』、清末小説家の呉研人の『瞎騙奇聞』、雷君曜の『絵図騙術奇談』、許慕義の『古今騙術大観』、冬稔編著『騙術大観―百種騙術掲秘』、涂争鳴の『欺騙論』、丁曉禾の『謊言研究』などがある。

中国は改革開放後から「すべて嘘、嘘ではないのは詐欺師のみ」という詐欺の天国になっただけでなく、その技巧もますます進化発展して、世界最高峰へと登っていく。それゆえ、その先進的な騙術を知るために、対中国投資企業の経営者ならば、または企業の知恵としても学問として修得する必要性が生じる。だから、台湾の書店では一時一大ブームとなり、専門コーナーもでき、ベストセラーやロングセラーとして読書ブームまで誘ったのだ。

6　なぜ中国で「考証学」が発達したか

日本の中国研究では、「考証学」について取りあげたり、あるい語られることが少ない。

もちろん、かつての日本の東洋学者や支那学者は、中国人以上に多くの研究業績を残していることは事実である。研究者の人数はそれほど多くなくても、中国文人のできなかった業績を残している。欧・米・露の中国学者以上に、日本の中国学者は世界的にも括目《かつもく》されている。甲骨文《こうこつぶん》の研究でさえ多くの業績を残しているのだから、それほど言語のカベは高くない。しかし「考証学」ではそれまた別の話である。

考証学は清の時代に入ってから発達した古典研究で、その歴史背景には「文字の獄」という政治問題がある。中国人にとっては、満州人というのはそもそも北方の「夷狄」だ。北方夷狄による中国統治の正統性と正当性については、いくら雍正帝が『大義覚迷録』を著して「道徳的正統性」（道統）を強調しても、やはり文人の文筆に対する警戒心は伝統的に強い。

もちろん、文字獄は文字の国、中国にとっては決して清朝だけではなかった。秦始皇帝の「焚書坑儒」と漢武帝の「儒家独尊」以後の中国は、ますます春秋戦国時代の「百家争鳴」「百花斉放」から遠く離れ、言論統制は過去の歴史的経験と情報科学の発達にともなって強化され、今の中華人民共和国の時代になって最高峰に達している。

だから、清の時代に入って考証学が発達したように、人民中国の代に入ってから考古学が人気を独占する。文人は自己保身のために、現実よりも昔の古典の世界へ目を向けるほうが安全だからだ。

満州人は中国統治にさいし、文人の抵抗をおさえるためには、考証学の研究や古学の整理編集に全精魂を費やさせるのがもっとも望ましいと考えた。だから、康熙・雍正・乾隆三代の百余年の盛世に、考証学だけでなく、百科全書にあたる『古今《ここん》図書集成』や『四庫《しこ》全書』が完成したのだ。

清以前の宋・元・明三代の学問は主に自己流の経書解釈で古書を注釈した。いわゆる「性理（人間の本性と宇宙万物の本体）の学」といわれ、それが漢学の主流となっていた。だが、清代に入ってから、黄宗羲《こうそうぎ》や顧炎武《こえんぶ》らの大儒学者は歴史、暦学、経学、文学などについて厳密にして正確に考証を行った。ことに、閻若璩《えんじゃくきょ》、胡渭《こい》、毛奇齢《もうきれい》、恵棟《けいとう》、戴震《たいしん》、銭大昕《せんだいきん》、段玉裁《だんぎょくさい》、王念孫《おうねんそん》、崔述《さいじゅつ》らは代表的な人物で、恵棟派が呉派、戴震派が皖《かん》派と称され、考証学の本領を発揮した。

「万巻の書を読み万里の道を歩んだ」という言葉は清初考証学の先駆顧炎武からくるもので、書庫の中からでなく古跡・古碑の考証から実地検問の学を拓く。顧の著作としては、『日知録』が知られている。乾隆帝時代の翰林《かんりん》（儒学者）、銭大昕の主著『二十二史攷異《こうい》』をはじめ、考証学者によって、歴史の嘘だけでなく、経書古典まで「中国の嘘」を考証されたのである。

7 日本だけが知らない中国の偽作研究

中国の偽説、偽史、偽書についての研究は、考証学者や弁偽《べんぎ》（偽りを見分ける）学者だけのものではない。中国の真実を知るには、絶対欠かせない「常識」でもある。日本の中国研究者とチャイナ・ウォッチャーは、「中国弁偽学」について驚くほど常識に欠け、中国のプロパガンダの代弁者になっても自覚さえない学者も多い。そのような戦後日本の風土は「中国の嘘」、つまり今現在の嘘と歴史の嘘の拡散を助長するものだ。

では、今現在の中国の弁偽学についての研究はいったい、どこまですすんでいるのだろうか。研究書は汗牛充棟《かんぎゅうじゅうとう》という一言につきるが、日本には弁偽学についての論文は絶無ではないものの、入門書は一冊もなかった。日本人中国学者の「中国常識」の現実を象徴している。

中国では魏・晋以来、古典については「経」「史」「子」「集」の四部門に分類される。すなわち「経」は聖賢の経典、「史」は歴史書、「子」は諸家の書、「集」は詩文などその他の書である。この経史子集《けいしししゅう》について張之洞《ちょうしどう》は『輶軒語《ゆうけんご》』の中で、真偽まで気にしたら古書の半数は棄てざるをえなかったと言う。姚際恒《ようさいこう》は『古今偽書考』序の中で、いつでも偽書をつくる人は出る、偽書でなくても古書の中には偽史、偽説が混じり、ことに伝説には虚構のものが少なくないと指摘している。

中国では春秋戦国時代から偽書、偽史、偽説が流行っていたので、司馬遷《せん》は『史記』を編纂したさい、かなり精力的に考証してから歴史を書いた。だから梁啓超《りょうけいちょう》はこの中国史の父を弁偽学の始祖と称したのである。

弁偽学の著書については、顧頡剛《こけつごう》の『崔東壁遺書序』『古史弁』をはじめ、清代では姚際恒の『古今偽書考』、廖平《りょうへい》の『今古学考』、康有為《こうゆうい》の『新学偽経考』、梁啓超《りょうけいちょう》の『古書真偽及其年代』『中国近三百年学術史』『中国歴史研究法』がある。

以後の新著では、張心澂は偽書考証の集大成として、『偽書通考』（一九三九年）を著した。『偽書通考』は千百四部の古典を考証したのに対し、約六十年後に新研究書を追加収録した鄧瑞金・王冠芙の『中国偽本綜考』（一九九八年）は、それを上まわる千二百余種を収録した千二十四ページの大著である。

中国の偽史、偽説、偽書に対する疑問、提起、研究はますます研究者の間で専門化される一方、日本ではそれが知られていない。ことに二十世紀に入ってから書画や写真に至るまで、偽作づくりはスターリンやヒトラーをはじめプロパガンダ目的で政府政党によって組織化され、国家戦略としてもいっそう洗練され、日本の教育とマスメディア全域をマインドコントロールしていくのであるから危機感が足りない。

8　「日本に文化を教えてやった」の真相

日本文化は中国あるいは韓国からきた、あるいは受容したというのが一般常識になっている。それ以上に、韓国は日本に文化を教えた、中国も日本に文化を教えてやった、ということを誇りにしている。

中国の方が韓国以上に一枚上手なのは、日本文化は中国の亜流のまた亜流という文化自慢をしているところだ。もちろん中国の亜流とは韓国を指していて、こっちの方が本舗《ほんぽ》だという自慢である。

ことに負けず嫌いの韓国では、剣道、柔道、花道から、スシ、天皇等々日本の代表的文化はすべて韓国からきたという「ウリナラ」（自国）自慢が、ネット世代の大論争にまで発展している。それどころか、韓国のウリナラ論争は、孔子も始皇帝も韓国人、漢字などまで韓国人が創出したと主張している。

日本文化の源流が大陸や半島にあったのか、あるいは縄文弥生時代にすでにあったのかどうかという源流問題以外にも、それらを土着化、あるいはいっそう発展させた文化の質的向上や変質変容などの問題もある。

倭《わ》の国や日出る国の時代から、日本が隋・唐文化、たとえば仏教、漢字、律令制などなどを受容したことはたしかである。だが、伝えたとか、教えたとか、文化移転を「恩恵論」の次元にまで落として語るのにさいしては、学者や文化人たちはその言説と表現を正確にしてもらいたいと思うことは、じつに多々ある。

たとえば、百済《くだら》の王仁《わに》博士が日本に漢字を伝えたという言い伝え、唐の鑑真《がんじん》和尚が唐招提寺を建立《こんりゅう》、日本に仏法を伝えたということは教科書にもある。だが、最近の中国のネット世論では、鑑真の東征、日本経略という説が「常識」にもなっている。

中国は古代から陸禁と海禁の厳しい国だった。日本の遣隋・遣唐使や、唐・宋・元・明時代の留学僧に対しても中国文化の摂取には厳しい制限があり、それほどただで「教えた」ものではなかったことを知るべきだ。そのような歴史常識について中韓の文化人はあんがいと非常識である。日本の文化人も例外ではない。

唐の時代には、陸禁と海禁は歴代王朝と変わりなく厳しかった。公的な外交使節以外は原則として出入国を禁止。一般人が出入国をするには皇帝の勅許《ちょっきょ》が必要なほど厳しく制限されていた。当然、密入国は厳罰。唐時代には多くの外国商人が活動していたが、彼らは唐の外征や内乱の亡命者であり、厳しい監視のもとで活動していた。遣唐使のような公的な外国使節でさえ、中国国内での活動は厳しく制限された。公務以外の一般人との接触の禁止、公用以外の官人との面会や交遊の禁止、買い物の制限などである。買い物がしたければ、遣唐使といえども勅許が必要だった。孔子廟《びょう》や寺院や道観（道教の寺院）の見学も許可制であった。市場には各国の珍品が豊富にあったが、外国人が気軽に買い求められるものではなかった。これは改革開放前の社会主義中国とたいして変わりはない。このように唐も鎖国主義を取り続けていたのである。

また唐の律法には禁止事項がじつに多かった。関市令の規定（『唐令拾遺』関市令四）によれば、錦《にしき》、綾《あやぎぬ》、羅《うすぎぬ》、縠《こめのきぬ》、紬《つむぎ》、絹、絲《きぬいと》、犛牛《やく》の尾、真珠、金、銀、鉄などの品物は朝貢使の回賜《かいし》品として持ち出す場合を除いて輸出禁止。

これ以外にも、武器をはじめ季節によって変わる禁止品目があった。これら勅禁された物品は「勅断色《ちょくだんしょく》」（色＝種類の意）という。日本に中国の文物が大量に流入したのは、これほど厳しい規制策を取った唐が滅亡した後だった。

書物の禁止も古代からあった。当時は書物が高級品だったことと、夷狄を警戒するあまりに情報の流出を恐れたからだろう。剣術や医学の秘方は極秘とされ、弟子でさえ簡単に教えてもらえるものではなかった。もちろん免許皆伝など死んでもしなかった。当然、それを記した書物はもっと極秘扱いだった。後漢では諸子百家の書物と『史記』の下賜《かし》を禁じられ、南朝の斉《せい》では『五経集注』と『論語』の持ち出しが禁止された。

唐を訪れた外交使節たちは、皇帝または地方の勅使に許可を得なければ書物を持ち出すことができなかった。しかし、日本が遣唐使を派遣してもっとも手に入れたかったのは、それら禁断の書物であった。

対内的にも厳しく管理されていたものを、ましてや東夷に与えるはずもない。宋の時代には日宋貿易が盛んになったが、書物に関しては唐と同様に厳しい書禁政策を取り、『太平御覧《たいへいぎょらん》』など、多くの書物が持ち出し厳禁とされた。それに対処するため、日本各地の大名は密貿易を通じて、法外な値段で中国の書物を手に入れた。教えてやったというよりも、日本は「ぼられた」と言ったほうがより真実ではないだろうか。

日本は外来文化の導入、学習には積極的で自律的で、大陸からも半島からも、西洋からも取りいれて、しかも神仏習合のようにその習合力で独自の文化を創出していく。ただの受容だけではない。文化を教えるといえば、逆に日本人は半島や大陸人に教えたことが多いのだ。

9　日本人が中国に教えた近代文化

古代日本が大陸や半島経由で中華文明やインド文明を受容したのは事実である。正確にいえば、それは奈良時代、平安時代のことであった。鎌倉時代には、日本独自の仏教文明が土着化し、しかも新たに宗教を創出している。日本文明の独自性が熟成したのは江戸時代だと、たとえば山本七平氏が説いていた。

開国維新後の日本はたしかに「和魂洋才」などを強調しながら、「文明開化、殖産興業」に精魂を注ぎ込んで、近代化をおしすすめてきた。

近代化あるいは近代文明をどう定義すればいいかは別として、近代日本の文化・文明は鹿鳴館《ろくめいかん》時代に代表される洋風だけではない。洋風と和風・国風はじつに二十年周期で強く繰りかえされ、ヤマトイズムがいっそう強くなり、独自の色彩を出していく。

交信のメディアとしての漢字を例にしても、幕末から維新期にかけて日本が創出した新造語は逆に半島さらに大陸へ逆輸出された。漢字の国としての現代中国でさえ、社会科学や自然科学の用語だけではなく、日常生活に必要な近代生活用語までも、日本創出の新造語がないときわめて不便になる。新聞雑誌の情報語でさえそうである。たとえば中華人民共和国の憲法は八〇%以上が、近代日本が創出した漢字・新造語からなるものであることは知るべきだ。

中国はアヘン戦争後から富国強兵の策として、洋務(自強)運動で西洋から近代科学技術を導入したものの、いわゆる「中体西用」で挫折した。だから日清戦争後には、日本に学ぶ運動がはじまった。もっとも象徴的なのは、政治改革をめざす一八九八年の戊戌維新であった。それは日露戦争後にはピークに達していた。

辛亥革命に至るまでの二十世紀初頭は清国の「黄金の十年」ともいわれ、改革開放のもっとも盛んな時代であった。この時代は政治、経済、文化に至るまで、日本がもっとも積極的に献身的に中国に文化を教えた時代であった。それは清国留学生の受け入れだけではなく、軍事、教育など各分野にわたって、中国各分野の顧問として文化を教えた時代であった。

西洋近代の社会科学、自然科学について、日本語版から漢語への翻訳をはじめ、近代小説、近代音楽、日本に保存されている散逸した中国古典の発掘、逆輸入、中国での近代化事業、教育、制度、研究所、図書館などの設立、そして新式学校の設立は中国の近代教育に大きな貢献をしていた。もちろん中国の政治改革からさらに新軍の創立など軍事、政治、司法、警察制度に至るまで、「支那覚醒」と「支那保全」を願った日本人はきわめて献身的であった。

10 儒教の国がなぜ道徳最低社会になったか

孔子・孟子の時代には儒家思想はまだそれほど人気がなかった。少なくとも儒家の「人為」という考えとの正反対に、「自然」への回帰を説く「老荘思想」という天敵があった。

春秋時代から戦国時代になってますます「百家争鳴・百花斉放」の時代に入る。社会の主流思想は「非楊即墨」と儒者たちまで嘆いたほどだった。つまり「毛を一本抜いて天下のためになるとしても、おれはしない」と極端なエゴを説く楊朱《ようしゅ》（生没年不明）と、私情としての「仁」に反対し、人類普遍的な価値である「兼愛」（博愛）を説く墨子《ぼくし》（前四八〇頃〜前三九〇年頃）の思想が主流となり、一世を風靡《ふうび》したのであった。フランス大革命に先行して二千余年前に博愛を説く墨子の思想は、平和主義者として知られる『戦争と平和』のロシアの文豪トルストイまで心酔していたのだ。

だが、中国が統一してから、言論統制を強化するため、「焚書坑儒」を断行せざるをえなかった。なぜなら、百家争鳴の時代には、いわゆる「士は筆をもって、侠は剣をもって天下を乱している」と法家が主張し、始皇帝は法によって天下の統一秩序を確立するためには「焚書坑儒」せざるをえなかった。

これから約百年近く経って漢の武帝の代になると、「儒家独尊」「百家排斥」と逆に儒教を国教化し、それ以外の思想を弾圧せざるをえなかった。東漢（後漢）の時代になると「師承」を決め、儒教の国教化を強化、そしてこの唯一のドグマにしばられ、硬直化し、超保守的化石社会への一途を辿っていったのだ。中国の諸悪の根源は儒教の化石化であり、いまに禍根を残している。

「すべてが嘘、嘘でないのは詐欺師だけ」いうことわざ、「易姓革命」を正当化する「匪賊国家」、そして「一治一乱」と言われても、じっさいには自国民の殺し合いを繰りかえしてきた中国社会。なぜ、二千年以上にわたる道徳最優先教育がこのような道徳最低の社会をつくったのか。その理由については、その社会背景と道徳の性格からも推考できるのではないだろうか。

たとえば老子の『道徳経』は「大道廃《すた》れて仁義あり」と仁義道徳を必要とする社会背景を喝破《かつぱ》、逆に「棄義絶仁」、つまり「仁義を棄てよ」と説いた。

また、道徳というのは、個人の道徳、家族の道徳、社会の道徳、国民の道徳などがあり、時代によっても社会によっても変わる。すでに戦国時代には墨子が儒教道徳は家族道徳だと批判、「仁」ではなく「兼愛」（博愛）を唱えた。近代中国を代表する知性、戊戌維新の主役である梁啓超も、中国には家族道徳だけで社会道徳はないと指摘している。

じっさい儒家思想の倫理的政治論としての「有徳者が天命を受け、天子として万民を統率すること」も史実として「絶対不可能」で、「正心《せいしん》、修身、斉家《せいか》、治国、平天下」の「治国平天下論」も史実から見ればまったく逆だった。中華帝国有史以来の名君と明君は、すべてが親殺し、子殺しや兄弟一族皆殺しによって天子の座にのぼりつめたものばかりである。

儒教の道徳教育の特色とは古典の暗唱と「三綱五倫」やら「四維八徳」など仁義の徳目のおしつけだが、では仁義とはいったいどういう「徳」か。これについての概念規定はない。

「仁」とはいったい何かと教祖の孔子が『論語』の中で百回近くも語っていても、弟子に聞かれたら、「人を愛する」とか「恭、寛、信、敏」などと言ったりして、定義しなかった。だからここ二千余年来、「仁とは」「義とは」何かをめぐって論争があり、研究に研究をつみかさねてきたけれども、結論としては「見仁見智」しかできていない。つまり君が言っている仁義と私が言っている仁義が違っていても、それぞれの「見識」があるというわけだ。

もちろん「仁義」とは何かだけでなく、「善」についても定義ができない。やはりG・E・ムーアの言う通り、「善とは定義することができないものであり、善とは何かを解説すること自体が一種の誤りである」。

『荘子』「盗跖《とうせき》篇」の「盗賊もそれなりの仁義道徳があり、盗賊なりの道徳を守れば盗聖にもなる」というパラドックスは、まさしく孔孟の仁義道徳に対する一刺しだ。そして結果的に二千余年にもわたる道徳教育は偽善者と独善者しか生まなかったので、「道徳最低」の社会となったのだ。

約百余年前に中国で三十余年の宣教活動をしていたアメリカ人宣教師アーサー・スミスは中国人から「良心」を見つけることができなかった。この中国的性格の「大発見」はじつに中国人を知るにはきわめて示唆的だ。私の解読では、道徳というものは信仰心という受け皿が必要で、儒教道徳教育というものは「仁たれ、義たれ」という徳目の外的強制による倫理的規範だから、逆に人間の内発的な良心を奪ってしまったのではないだろうか。

ではなぜ中国人社会に「良心」がなくなってしまったのだろうか。その最大の理由は、儒教にあるのではなかろうか。中国には仏教も道教もあるが、儒教がもっとも等身大で人々に浸透していた。すでに、人々の生活から儒教を切り離すことはできなくなっているのだ。

儒教は哲学や宗教というよりは「倫理」である。さらに、社会倫理よりは家族倫理である。家族、宗族《そうぞく》、社会に対する「仁義道徳」を盾に、人間の行為を外面から押し付けた規範によって、強制的に自己修正させられるようなものだ。だから、儒教社会は必然的に偽善者を育てていく。

個人に対する外的規制は、天下国家のレベルでは必然的に政治的抑圧に変わっていく。儒教国家から必然的に専制独裁政治しか生まれてこない原理が、まさしくここにある。「没良心」の人々がその社会的土台となろう。

この外的規範の押し付けは、宗教のように、自発的・内省的に心からくる自覚や衝動ではない。神に対して内省的なものがなければ、良心が生まれるはずがない。

老子哲学にある、「大道廃れて仁義あり。智慧出て大偽あり。六親和せずして孝慈あり。国家混乱して忠臣あり」という言葉が、まさしくこの仁義道徳の社会背景を語っているものだろう。

11 「詐」でないと生き残れないのが中国人

中国のもっとも代表的な文化や中国人の性格について聞かれたら、躊躇《ちゅうちょ》なく「詐」の一字につきると即答するのがほとんどである。それは日本人の「誠」とはきわめて対照的である。

日本人は神代の時代から「誠」であって、いわゆる清き明るき「誠心」「至誠」に至る道徳的な徳目にもなっている。

だが、中国では五倫や五常から四維八徳に至るまで、仁や義をしきりに強調しても、この「誠」はなかった。というのは、日本人社会は古代から「誠」や「至誠」だけでも生きていくことができるが、中国社会では「詐」でないと生き残れない。「詐」が必須だからこそ、中国人は逆にこの「誠」だけを語ってきたのだ。

ではなぜ中国人は「詐」でなければ生きていくことができないのかというと、少なくとも歴史的に見て、中華世界はいつでも華夷対立の歴史環境におかれたからだ。その華夷という地理環境的・歴史文化的対立の中には、さらには有限資源をめぐる人間の争奪戦という歴史的環境がある。

中国では伝説や神話時代の史前だけでなく、有史以来ほとんど戦争のない年はなかった。「争」から生まれた歴史社会であるがゆえに、春秋戦国時代の孫呉（孫子と呉子）の兵法をはじめ、いわゆる「兵法七書」にも見られるように、争のハウツウとして「権謀術数」が古代からすでに発達、処世の哲学や術、生存の要訣《ようけつ》として伝授されてきた。

『孫子』『呉子』が世に問われてから二千年後に、日本ではやっと『甲陽軍鑑』や『五輪書』の類が出た。その遅れも「詐」と「誠」の一つの歴史的相違を象徴するものである。

『孫子』の冒頭には「兵は詭道《きどう》なり」という言葉があるが、「詭道」「詐道」は「兵」だけにかぎらない。中国人の日常生活は人間対人間の闘いであり、すべてが「詐道」一筋といっても決して過言ではない。

「兵は詐をもって立ち、利をもって動き、分合をもって変をなす」という中国の象徴的な戦略思考とは、一言でいえば相手をいかにして欺《あざむ》くかという手段である。出来るのに出来ないふりをし、必要なのに不必要と見せかける。敵の無防備なところを攻め、敵の意表をついて行動することである。もちろんそれは戦場にかぎらない。日常生活は、人の話はまず相手の言っていることが「誠か」という懐疑からはじまり、買ったものが「ニセものではないか」と疑うことからはじまる。詐の生き方でないと生き残れないからだ。

第5章

日本人が知らなすぎる日中関係史

1 「日本人は中国人の子孫」という妄想

世界のすべての文化・文明が中国から伝えられたという言説の流布は、たいていアヘン戦争後の洋務（自強）運動の時期に行われた。もちろん十九世紀後半にかぎったものではなく、はるかさかのぼって、仏教伝来後の南北朝時代にもあった。たとえば西晋時代の『老子化胡経《かこけい》』の捏造もその一例である。老子がインドに至って胡人を教化し、釈迦様あるいは釈迦様の師となった、という。

あるいはまた夷狄の満州人をはじめ、中国周辺の夷狄の祖先まで中国人の伝説の始祖・黄帝二十四子の中の一人であったという説がある。つまり黄帝は人類共通の祖先という説が、中華民族論が盛況な時代には流行っていた。

ベトナム人は中国人の趙佗《ちょうだ》（南越国初代の王）の子孫で、朝鮮人は箕子《きし》（中国殷末の王族）の子孫。日本人は始皇帝の命を受けて不老不死の仙薬を求めて来日した徐福《じょふく》の子孫という伝説は古くにあった。日本人が春秋時代末期の呉越の争いで知られる呉の開祖・呉伯《ごはく》の子孫という伝説は、もっと後の時代からであった。この伝説の由来は、晋王朝の歴史書『晋書』にある記述から、日本人がみずから呉伯の後裔《こうえい》だと語ったということにある。

もっと飛躍して滑稽なのは、近代の中国人学者は日本学者の縄文・弥生文化の研究諸説を換骨奪胎して、弥生人とは中国の長江流域から日本にわたった中国江南の人々だと主張していることだ。彼らは先進的な技術と稲作を日本に持ち込み、日本国をつくったと、恩着せがましい勝手な主張へとどんどんエスカレートしている。

もともとは中国人の祖先は龍の後裔（伝人）あるいは炎黄の子孫という説のみだったが、主義主張のためなら、いくらでもまったく根拠のない神話伝説をつくり、利用するのだ。

「日本人はどこからきたか」という話は、昔からもっとも日本人の好奇心を誘うテーマの一つである。もちろん日本人の源流も日本語の源流も謎が多いからこそ好奇心を誘うのだろう。韓国人が戦後しきりに流布する「日本人の九九％は韓半島からの喰いっぱぐれ」説、あるいは中国人の「呉伯、徐福の子孫」説では好奇心どころではなくなってしまうので、日本人の源流は謎のままの方がよいと考える人はむしろ多い。じっさい科学的・歴史的論証もそれほど容易ではない。ＤＮＡは遺伝子の源流を探るだけであって、文化を除外するものだ。たしかに日本は縄文と弥生の源流があるものの、それ以上祖先の出自を探る必要はない、石器時代まで遡ったら、それは人類共通の祖先という分野に入ってしまう、いくら上古に遡っても切りがないので、日本人の祖先探しもほどほどでよいという意見もある。

だが、中国人だけは周辺諸民族は中国人の子孫という国自慢をしたがる。日本人は徐福の子孫という伝説は、南紀州渡来の説だけではない。邪馬台国論争のように諸説がある。だが、中国人が語りたがるのは、そんな「渡来人」説の真偽になるような話ではなく、「日本人は中国人の子孫」すなわち中国人は偉大だという「祖先自慢」だけである。その目的は、日本人は先祖である中国人に「孝をつくす」べきだということである。

2　日本の朱子学者は真実を知らなかった

遣隋使と遣唐使の時代に日本が半島を経由せずに隋唐から直輸入した文化は、仏教が主だったと思われる。聖徳太子がみずから「三宝（仏・法・僧）の奴《やっこ》」と称したように仏教について関心が強かった。当時の隋唐からイスラム文明が極盛期に入る以前の中央アジア・東アジアに至るまで、ユーラシア大陸の大半はほとんどが敬虔《けいけん》な仏教国家だったのである。

儒教は漢末から六朝の時代にかけての東アジア大陸では、残ったのはせいぜい経典ぐらいのものだった。

朱子学は、宋時代に入って流行っていた「万物は理と気によって構成される」と説く「気」と「理」の学を集大成した新儒学で、元の時代の科挙中断の後、明代の科挙再開とともに官学として認知され、明・清の国教にもなった。

日本でも儒学は聖徳太子の十七条憲法や律令制度の政治理念に少なからぬ影響を及

ぼしているが、古代から中世にかけては何といっても仏教の支配が圧倒的であった。しかし朱子学が渡来し、仏教と対立しつつ徳川幕藩体制の正学となるにおよんで、儒学とは朱子学を指すまでになった。

たしかに江戸時代に朱子学は国教的地位を獲得したものの、仏教、神道、国学、陽明学、蘭学など諸学もあったので、いくら極端な排他的朱子学でも日本で独占的地位を獲得することはできなかった。

もちろん、江戸の鎖国以後の朱子学者は中国行脚《あんぎや》や中国を実地見聞したことはなかった。それでも彼らが語る中国とは「聖人の国」「道徳の国」というユートピアの世界であった。かりに江戸の朱子学者が接した日本人以外の大儒や名儒があっても、せいぜい朝鮮交信使や、明の遺臣で日本に亡命してきた儒学者朱舜水《しゆしゆんすい》ぐらいのものであろう。

しかし、朱はむしろ江戸社会を見て感きわまりなかった。周時代の理想郷であった真の「封建制度」をやっと日本で見つけたと慨嘆したほどだった。桃源郷は支那ではなく、むしろ日本にあったのだ。明が滅び清になってから、日本と支那の儒学者はむしろ「華夷変態」と見たのだった。

江戸の朱子学者がまったく見たこともない支那を「道徳の国」と認知したのは、ほとんどが経書からきたものに違いない。支那を「聖人の国」あるいは「我が国」として、朱子学を聖典化した朱子学者は、朱色の服を着て、弟子にも朱色の服の着用を命じるほどの傾倒ぶりである。朱子学者は少しでも中華・聖人の国へ近づこうと、海に近い品川へ住居を移したり、長崎へと旅に出たりもしていた。

このように江戸時代の朱子学者は、今の中国学者と同様だったのである。中国の理想のみに憧憬れ、その理想を夢見ながら中国を語ることも多い。もし彼らの夢の中にある中国とは実は匪賊の国、詐欺の国、悪徳の国という真実を知っていたら、書物の中にある中国をいったいどう読み直せばよかったのだろうか。

3　国学者たちが見抜いた中国人の本性

中国専門家にあたる日本の朱子学者が見た、いや想像した中国と、同じくまったく中国を実地見聞したことのない同時代の日本の国学者が理解した中国とはまったく逆であったことは驚きを禁じえない。国学者の洞察力は、じつに驚嘆すべきだ。

日本の国学史上に四大人といわれたのが、荷田春満《かだのあずままろ》、賀茂真淵《まぶち》、本居宣長《もとおりのりなが》、平田篤胤《あつたね》である。

たとえば、江戸時代の中期、本居宣長の師である賀茂真淵はすでに「からの国（唐の国＝中国）はことに人の心の悪しき国にして、よこしまのみある」と指摘していた。さすが朱子学者にはまったく見られない中国人に対する卓見である。

あの時代の日本人が、経典以外に唯一見聞できる清国事情は、せいぜい長崎に入ってきた唐船からの風聞録にすぎなかった。それでも的確に中国人の本性を見つめる洞察力をもっていたのだ。

いったいその洞察力は何処から生まれたのだろうか。

真淵は、「儒の道こそ其国を乱すのみ」「漢戎の書は如此邪暴の君臣殺伐の凶逆を戴かせり」「今の儒者なるもの、じつに書を読みて、身に行わざるのみか」などと、儒者の言行不一致を痛烈に批判した。また真淵は老子の無為自然への回帰を「天地のまなる心」として、「からの国にては只老子のみを真の書なる」と老子に傾倒した。

そして朱子学の理にしばられていた社会をも批判した。

江戸時代に朱子学が国教になると、その弊害がいろいろと出てきた。それを批判する儒学の一つが古学である。後世の注釈によらず、直接に経書を研究することを主張した。山鹿《やまが》素行《そこう》の「聖学」、伊藤仁斉《じんさい》の「古義学」、荻生徂徠《おぎゅうそらい》の「古文辞学」を総称して言う。

真淵は、古学は「からごころを清くはなれて、古《いにしえ》のまことの意をたずねる」ことであると説き、古書によって古意を得ることだといっている。

古意とは、「誠」である。だから宣長は古典を解き明かそうとするなら、まず「漢意」つまり中華文化、思想、漢学を排し、古代の「誠」の意を問うのが国学だと考えていた。

儒学及び新儒学の朱子学の基本理念は勧善懲悪、そして「正心・修身・斉家・治国・平天下」（心を正し、身を修め、家を斉《ととの》え、国を治め、天下を平らかにする）である。倫理・道徳・忠義や礼節を重んじ、人間の自然な感情や欲望を制御することを目的とする。つまり人為的な秩序を構築するための合理性が強いのだ。

国学は儒学倫理である「勧善懲悪」という形式的理念や道徳規範に縛られることなく、「真心」を知ることの大切さを説いていた。宣長によれば、古代日本人は邪心、つまり二心のないことを美徳として重んじた。道徳的規範として、本心による「誠」が重んじられてきたのだ。「和心」は儒教倫理とは関係なく、仏教とともに醸成されたものであり、「和心」こそが「まことの道」である。日本人はやはり自然のまま、生まれたままの心の純粋性を標榜《ひょうぼう》し、それを大事にしてきたのである。そして神に近い「けがれなき清浄さ」（至高の美と清浄）の価値を持つものが至高の道徳的価値とされるのである。

江戸中期の国学者の一人、伊勢貞丈《さだたけ》の儒学者に対する批判はじつに激越にして辛辣《しんらつ》だった。著書『安斎随筆』では儒学、儒学者を「其《そ》の巧能は飯を喰う字引に異ならず、国のためには無用の長物」、また「儒学の悪く心得たるは、西土のみの事知って、我国の事には味気なくして我国の事を嘲《あざけ》り、笑い卑しむる事甚《はなは》だし」、「我国に産生し、我国の米を喰らい、我国の衣を服し、我国の地に居住しながら、西土を貴び、我国を甚だ賤しむるは不義なる儒者なり」とも言っている。

江戸の儒学者・朱子学者は、いかにも戦後の中国学者、昭和・平成の進歩的文化人と酷似しているではないか。

4 「二十一カ条要求」の通説は嘘

辛亥革命後、新生の中華民国は南北対立から内戦がますます激化、そして泥沼に堕していく。新生中国の反日・排日・仇日・抗日運動は日本の「暴支膺懲《ようちょう》」の逆襲をうけ、日中の対立はさらに昂進していく。そのきっかけは「二十一カ条要求」として知られている。

第一次世界大戦（欧州大戦）中の中国国内と国際情勢の変化の下で、日本は新しい情勢に対応するために、大隅《おおくま》重信内閣の加藤高明外相が一九一五年一月十八日に、駐支公使の日置益に指示して袁世凱《えんせいがい》大総統に日中条約の更新を要求した。その新条約案が、いわゆる「二十一カ条要求」である。これがまた中国の各勢力の対決の焦点ともなった。

いわゆる「二十一カ条要求」（後の日華条約）については、「中国の主権を著《いちじる》しく侵害する要求で、最後通牒を突きつけ無理やり承諾させた」というのが、日本でも中国でも通説になっており、まさに日本の中国侵略のシンボルともなった。

しかし、これは「嘘」である。真実はそうではなかった。

袁世凱政府をはじめとする中国人は、「二十一カ条」の交渉中から日本の「要求」内容を故意に歪めて伝えていた。

例を挙げれば、「中国の学校では必ず日本語を教授しなくてはならない」「中国で内乱が発生した時は日本の軍隊に援助を求め、日本によって治安を維持しなければならない」「全国を日本人に開放し、その自由営業を認めなければならない」「中国陸海軍は日本人教官を招聘《しょうへい》しなければならない」「南満州の警察権と行政権を日本に譲渡すること」などがあり、いずれも原文には見当たらないでっち上げの文言だ。

このようなものを内外に宣伝することで、内においては排日運動を巻き起こし（条約締結の五月九日は「国辱記念日」に指定された）、外に対しては列強に対日圧力をかけさせた。こうしたパターンの反日工作はその後も継続され、それが満州事変、そして支那事変の原因となった。

つまり、袁世凱の策略という側面もあった。一つは反日運動を利用して国民の団結を狙い、一つは中国伝統の「夷を以って夷を制す」、つまり外国同士を対立させて、それらをコントロールしようとしたのである。

しかし袁世凱にしても帝位に就く準備もあり、日本の財政、物資、あるいは人的支援が必要だった。国際間での地位が低く国力も弱い中国が外国と対等な立場に立てないことは、百も承知だったはずだ。だから「二十一カ条要求」にしても、彼にとっては理解できない内容ではなかったはずなのだ。

孫文は「二十一カ条要求」をどう見ていたかというと、彼は「日本政府の態度は東洋の平和を確保し、日中の親善を図る上で妥当なものだ」として、理解を示していた。「東洋の平和」というのは、日中提携のあり方を明確にし、協力関係の強化を通じて白色人種に対抗し、東アジア情勢を安定に導くという意味だ。

中華革命党（国民党の前身）の機関誌「民国雑誌」が、袁世凱打倒の主張とともに、「二十一カ条」に対する攻撃を行った時も、孫文は袁世凱批判に集中させ、排日論を改めるよう指示している。

それどころか彼は、日中間で「二十一カ条」の交渉が行われていた一九一五年二月五日、陳其美《ちんきび》とともに満鉄理事犬塚信太郎、同社員山田純三郎との間で、「日中が共同作戦を取りやすくするよう全兵器を日本と同式にする」「中国の軍と政府が外国人を招聘する時は日本人を優先させる」「鉱山・鉄道・沿岸航路が外資を必要とする時はまず日本と協議する」という、ほぼ「二十一カ条要求」の内容に符合した「日中盟約」なるものを結んでいるのだ。「日中盟約」は海軍軍務局長秋山真之《さねゆき》が起草し、元帥上原勇作を通じて新興財団久原《くはら》房之助が孫文に革命資金を提供する担保として結ばれたものだった。この「日中盟約」の存在については、近年まで真否のほどがあきらかではなかった。

陳其美は「盟約」の署名にあたり、「日中交渉問題（「二十一カ条」交渉問題）は、国家という見地から見た場合は反対せざるをえないが、現在の世界の体制から観察すると、強いて反対すべきものではない」と言っている。また三月十四日には外務省政務局長小島張造（袁世凱との交渉当事者で、「二十一カ条要求」の立案者といわれる）に書簡を送り、「日中盟約」と同一の「盟約案」を提示している。

通称「二十一カ条」の要求とはおよそ次のようなものだ。

（第一号）山東省のドイツ権益の処分（継承）の承認などを求める四カ条。

（第二号）旅順・大連の租借期限と南満州・安奉両鉄道の租借期限の九十九年延長、日本人の南満州・東蒙古での商工業の経営権、同地域での居住の自由、同地域での鉱山採掘や鉄道敷設、同地域での政・財・軍の顧問招聘での優先権などを求める七カ条。

（第三号）漢冶萍《かんやひょう》公司の日中合弁等を求める二カ条。

（第四号）中国沿岸の港湾及び島嶼《とうしょ》を他国に割譲・貸与しないことを求める一カ条。

（第五号）日本人の政・財・軍の顧問の起用、日本人の病院・寺院・学校の土地所有の承認、一部警察の日中合同、日本からの兵器供給と日中合弁の兵器工場設立、華南での鉄道敷設権、福建省の鉄道・港湾・鉱山の資金供給の優先権、日本人の布教権などを求める七カ条。

当時日本政府は、これらをとくに新奇なもの、あるいは他の列強諸国に比して過酷なものとは考えていなかったし、実際そのとおりだった。例えば租借の九十九年延長は、香港の租借に関して英中間で同様の取り決めを行っていたし、漢冶萍公司（鉱山会社）はすでに日本と提携関係にあったのである。

この中で主権侵害として最も中国側から非難されたのが第五号である。だがこれにかぎっては、日本の「要求」というより「希望」に過ぎなかった。

この「二十一カ条要求」については、原敬の政友会や犬養毅の国民党からも反対の声が上がったことが知られているが、それは条約の内容というより、中国の反日感情を刺激しかねない外交交渉のやり方についてだった。

つまり日本は中国における政治経済活動の「他国並み」を求めたに過ぎない。日本の中国進出は他の列強諸国とは違い、まさに国家の死活に関わるものだった。日清戦争以降、何かにつけ各国から妨害を受けてきた中国における権益を、欧州大戦で各国が中国を顧慮できないうちに、きちんと整理、設定してしまおうとしたのが、この「二十一カ条要求」の狙いだった。

結局「二十一カ条要求」は日本が指導的立場に立つことを嫌う中国への配慮で、二十五回もの交渉を通じて数度の修正が行われ、中国に大きく譲歩した日華条約として締結された。しかも非難の的となった第五号の七カ条はすべて削除されているのである。

日本が最後通牒を行ったのも、それは袁世凱が英米等に手を回し、日本に圧力をかけさせるため交渉を引き延ばしつづけたからだ。そこで断固たる処置を取らなければ排日勢力が増長し、ますます日本の権益が損なわれることは目に見えていた。国内での反対派に配慮した袁世凱が、逆に「最後通牒」を求めてきたという説も有力だ。

この頃から支那事変、大東亜戦争へと繋がる、「中英米vs日本」という対立の構図が確立されていく。

それから二年後の一九一七年、「二十一カ条」に端を発した排日運動が盛り上がりを見せる最中、孫文は「中国存亡問題」を発表し、なおも日米は連合して中国を救えと訴えている。

袁世凱も孫文も、政敵を打倒して中国を統一し、国家を富強ならしめるには、国家財産を抵当にし、主権に制約を加えられてでも外国からの指導を仰ぎ、資金を調達し、あるいは技術提携しなければならなかったのである。それは当時の中国の、やむをえない状況だった。袁世凱は米英を、孫文は日本を、それぞれ政府の運営や国家統一運動のパートナーに選ぼうとしていただけの違いに過ぎない。

もっとも、主権を売り飛ばしてまで手に入れたせっかくの資金も、結局は内戦での武器購入で消え去っていったあたりが、当時の中国の悲哀ともいえる。

外国に譲歩する者を「漢奸」（売国奴）と罵倒するのが中国人の民族性だ。だから懸命に日本への抵抗を試みたにもかかわらず、最終的には「二十一カ条要求」を呑んでしまった袁世凱には「漢奸」のレッテルが貼られている。

ならば自ら進んで「日中盟約」を申し込んだ孫文は、袁世凱以上の売国奴であり、「民族の罪人」ではないのか。しかし孫文の後継者たちは、この事実に触れようとはしない。

5　「反日歴史」はこうして創られる

中国史の記述あるいは「創作」は、たいてい易姓革命後に盛んに行われるのが慣例である。たとえば明王朝がモンゴル人の大元王朝を漠北に追い出した後やら、満州人が明に代わって中華世界に君臨した初期とか、満州人の清王朝が崩壊した民国の時代などである。いずれも易姓革命を強調するために歴史創作が盛行し、もちろん「文字の獄」も広く行われた。

たとえば私の小中高生時代に教えられたのは、たいがい清王朝がいかに腐敗していたかとか、列強がいかに中国を侵略したかとか、共匪（中国共産党）がいかに「禍国殃民」（国家・国民に災禍を及ぼす）かとか、悪いのはすべて他人という歴史ばかりだった。もちろん日本に対しても例外ではない。

では反日抗日の歴史はいったいどういう手法で創作されたのだろうか。歴史の創作者たちはたいてい「政治的必要」に応じて、以下の三つのかたちで歴史を創出する。

(1) 過去の中国史の例をモデルに主役をすりかえる。
(2) 善いことはすべて自分、悪いのはすべて他人。
(3) 嘘がばれても一切無視、毒を喰らわば皿までも。

戦後中国の日本軍による「暴行」についての歴史捏造の中で、最大のヒット作は「南京大虐殺」で、それ以外には、「三光作戦」「万人坑」「七三一部隊」などがよく知られている。たいてい上記の方程式によって創作されたもので、一言でいえば、それは中国の伝統的戦争文化にもとづく創作である。戦争はその国柄や国民性・民族性を表す一つの文化でもあるのだ。

たとえば「南京大虐殺」という戦後最大のヒット作については、従来それを疑問視する日本文化人が多かった。最後には日本南京学会の東中野修道教授をはじめ百余人の学会員たちによって完膚《かんぷ》なきまでに論破された。今さらそれが「真実」だと信じている人は、日本国内ではもう少なくなっている。

そもそも、大虐殺とは代表的な中国の伝統的戦争文化で、南京にかぎらず西安、洛陽、開封、北京、揚州などの都や大都会で、ここ二千年来ずっと行われてきた入城祭の一つのようなものである。

南京は二千年来の歴史をもつ古都で、多数の王朝が首都としたこともあって、名称も金陵、建業、建康、天京などと変わったが、それだけにしばしば大虐殺に見舞われている。たとえば魏晋南北朝の時代、東晋を建てた元帝（司馬睿《えい》）に反逆した王敦《おうとん》の乱（三二二～三二四年）、梁の武帝に反旗を翻した侯景《こうけい》の乱（五四八～五五二年）、近代になってからも曾国藩《そうこくはん》の九弟・曾国荃《せん》が太平天国軍をせん滅した一八六四年の大虐殺、民国初期の一九一三年に張勲《ちょうくん》が南京城を落とした時の大虐殺などが史実に残る有名な事例である。

日本軍による南京大虐殺の例証として「南京大虐殺記念館」で展示されている資料は、たいてい歴代王朝の十数回にわたる南京大虐殺のコピー、焼き直しである。虐殺の人数については、私の知っているかぎりでは、日本文化人の中でも百万人といういいかげんな説まであったものの、さすがにデマゴギーが過ぎるので、中国共産党の文宣部（文化宣伝部）が三十万人以上と数字を「決定」した。もとより証拠、証明、根拠は一切ない。

中国官定「正史」の数字を見ると、古代から清代に至るまで、たいてい「概数」がほとんどである。たとえば「大疫、十中に九八」とか「人相食む、死者大半」などなど。

また、たとえば八年抗戦の数字については、私が小・中学校時代に暗記した三百余万人から、江沢民がいいかげんに語った三千五百万人へと十倍まで倍々と増えるケースもある。それは中国人の「白髪三千丈」式誇大グセから来るものだ。

もちろん以前には「中国国民党が南京で三十万人大虐殺した」という中国共産党のプロパガンダがあった。やがてその国民党軍を日本軍へと主役を替えたのである。

近年、南京大虐殺に次ぐ大虐殺とは、終戦直前の日本軍による「琉球人大虐殺」で、二十五万人とされている。まったく何の根拠もなく、ただ大江健三郎などの著書を都合よく引用しているだけだ。中国人の子孫とされる沖縄人は「中国人」とされ、「琉球回収、沖縄解放」を目的とする新しい創作である。

「三光作戦」についても、これも中国の伝統的戦争文化であって、従来国民党が共産党を、共産党が国民党を非難するに際して、中国人民に対する「三光の暴行が行われた」と相互に罵《ののし》り合うお題目の一つだった。私が高校時代にもよく「共匪暴行」のカベ新聞などを創作させられ、小学生教育に狩り出され、自転車で近隣の農村をまわり、宣伝に使われてきたものだった。

そもそも日本人には「三光」の意味自体がわからない。三光とは「搶光」(奪いつくす)、「焼光」(焼きつくす)、「殺光」(殺しつくす)のことである。この「光」とは「空っぽ」「空っぽにする」を意味する中国語であって、日本語の「光」にはそんな意味はない。略奪、火攻め、大虐殺は古来から中国における戦争の常套《じょうとう》手段だった。

いつしか、その「三光」を日本軍の「軍事作戦」にすりかえたということだ。「万人坑」というのは、古代からずっと続いてきた、戦勝祝いでつくられた「京観」（敵の戦死者を集めた万人塚）の遺跡である。たいてい取った首の数を中心に戦功を誇示する祭りだった。なぜその髑髏《どくろ》の山が「日本軍の暴行」になってしまったのか、じつに日中歴史学者の知性を疑わざるを得ない。

「七三一部隊」にしても、そもそもＢＣ兵器（生物兵器と化学兵器）の使用は、中国の戦史だけではなく、宮廷内の権力争奪の奥の手であった。もともと「七三一部隊」とは防疫給水の部隊であって、確かに細菌兵器の開発も行われていたが、規模も小さく、成功しなかった。日本軍総参謀本部の不理解と予算不足で成功しなかったと、戦後アメリカ政府が同部隊幹部に対して行った調査報告書でも明らかにしている。

戦後日中の「進歩的文化人」には共有の「世界革命」の夢があった。「日本人民民主主義共和国」の革命は成功しなかったが、中国が創作したヒット作が日本でも「歴史」として信じられたのは、日中の共作と共演に成功したことともいえる。

中国にとっては、それがヒット作であろうと失敗作であろうと、中国の愚民さえ信じてくれたら充分なのである。もちろん、日本政府が年中行事のように行う反省と謝罪、国会決議、首相の発言による追認へとつながれば、それ以上の効果はない。

6 中国人は「支那」を誇りにして愛用した

戦後日本では「支那」や「支那人」はタブー用語となり、差別用語とされることになっているが、誤解されることも多いので、メディアで論議されることもしばしばある。

もちろん、「支那」禁用は中国側の一方的な都合である。あまつさえ「中国」の使用禁止にまで及ぶことさえあった。たとえば中国の外交部（外務省）はかつて日本政府に対して「中国銀行」の社名使用中止、変更を公式に要求したこともあった。理由は中国にもある「中国銀行」とまぎらわしいので、というものなのだからあつかましい。

歴史を遡ってみて、日本の中国地方などの地名は古代からあった。それは伝統ある地域の総称であり、そこから生まれたのが岡山を本拠とする中国銀行である。一方、中国の中国銀行の前身は清国戸部銀行で、後に大清帝国銀行、中国国際商業銀行、中国銀行と、中国社会の動乱と経済の混乱の渦中でころころと変わってきた有為転変の象徴でもある。

老舗《しにせ》に対して後発のものが、自分の都合で社名やカンバンを変えろといっても、それはあくまでも一方的で通用しないのが普通だ。しかし、もし「相手のいやがることをしない」日本の外交原則を守っていたら、中国地方も中国自動車道も中国山脈も中国新聞も名称を変えざるをえなくなる。

そもそも「中国」という用語は、史書以前に約三千年前の周初期の青銅器の銘文にもあった。王爾敏《おうじびん》の『中国名称及其近代解釈』によれば、先秦時代の古典の中で「中国」という文字は百七十二回も出ているが、すべてが京師《けいし》（都城）か、いくら拡大しても近畿を含む中心地域を指す意味であった。漢の時代にも「中国」地名の領域は主に黄河の中・下流を指すものであった。そのころの長江流域は「中国」ではなく「荊《けい》蛮《ばん》」と称されていた。

魏晋南北朝時代には魏や北魏が中国で、蜀も呉も江南も中国としては認められていなかった。唐・宋の時代の中国とは華北のことで、宋・明の時代になって中国本部十八省が中原・中土・中国と称されるようになり、チベットもモンゴルも新疆《しんきょう》も中国ではなかった。じっさい中国と称されるようになったのは二十世紀に入ってからのことである。

「中国」という用語は時代によって、天下観の拡大変化によって、その含有する地域は異なる。しかも華夷思想から見るにしても、人間と禽獣を区分するといえるほどの差別用語であったことを、その語意の歴史からして知るべきだ。だから、「中国」という用語を超歴史的に使用することも、それを肯定することも歴史捏造《ねつぞう》にほかならない。

この最低の常識さえないのは、今の日中双方の文化人だ。今日に至っても「中国は一つ」をめぐる論議の中でさえ「地理的概念」か「文化的概念」かそれとも「政治的用語」かと、さまざまな論議をされているほどだ。

そもそも「支那」という用語は日本人が中国人を差別するために創出した新用語ではない。インド仏典からの漢訳として「支那」(『南海寄帰内法伝』)、「至那」(玄奘の『大唐西域記』)、また「脂那」(慧立の『大慈恩寺三蔵法師伝』)として音訳してから日本の古文書、たとえば『東大寺要録』(一一〇六年)、『今昔物語』の中にも、空海詩集の『性霊集』の中にもみられ、古来千年以上にもわたって超歴史的に中国大陸一般の呼称として使用していた。

もし「チャンコロ」(中国人や清国奴などの音訳の論もある)なら語感と語気からして「差別用語」と解釈できないこともない。

「支那」という用語についての由来とその歴史は、戦前と戦後にも多くの論著があるので、ここではそれ以上論述はしないが、少なくとも二十世紀の初頭から中華民国の初頭に至るまでは、中国の代表的文化人や各界の指導者の間では「差別語」よりも「誇り」として愛用していた。

たとえば国学大師の章炳麟《しょうへいりん》、無政府主義者の劉師培《りゅうしばい》、西学漢訳の大家厳復《げんふく》、白話文の鼓吹者胡適《こてき》、革命の父孫文らが愛用していた。孫文の「支那の暗殺団」、宋教仁《そうきょうじん》の「二十世紀之支那」、梁啓超《りょうけいちょう》のペンネームである「支那少年」などじつに多い。

清国最初の女子日本留学生で革命の志士として処刑された秋瑾《しゅうきん》の詩詞は「支那第一女」と誇り、詩人でかつて孫文の秘書をつとめたこともある柳亜子《りゅうあし》の詞には「孫文と毛沢東は支那二人のレーニン」と称賛したほど「支那」は決して差別用語ではなかった。それを差別用語と気にしたのは、たいていうしろめたさのある人にかぎる。ニーチェでいえばルサンチマン（鬱屈）からくる心の病に違いない。

「中国」と「支那」を強制使用・不使用にすることは、歴史捏造のための「政治」目的であることが明らかである。歴史を見る目は、語彙（ボキャブラリー）一つでさえも見逃してはくれないのだ。

7　歴史教科書の共同研究は絶対できない

中国人とは世俗化した民族だから、宗教心があまりなく、現実的にして実利的である。だから中国社会では金《かね》は生命以上に大事、金さえあれば神様さえ買える社会である。

もちろん、金さえあれば神様も買えるといっても、経済を決めるのも政治である。その経済と政治との関係はいわゆる「銭権弁証法」的関係である。経済だけでなく政治経済学を知らなければ、つまり超経済的な方法がなければ、長者にはなれない社会でもある。歴史もその例外ではない。

日中共有の歴史教科書を作る努力は今もつづいているようだが、先行する日韓の方もうまくいっていない。ともに共通の問題、難題は多々ある。

中国は韓国以上に、共有の歴史教科書をつくる代表は学者よりも政治家である。中国からすればそれまた当然であり、歴史から見ても高官即名儒大儒という伝統があった。だが日本側の代表は学者中心である。本質的には日中共有共用の歴史教科の作成作業とは、中国の政治vs日本の学術をめぐる調整と談合ということになる。

およそ国家、民族、宗教、言語、利害関係が違えば人生観から世界観、歴史観が異なるのも当然。世界人口七十億人には七十億の歴史観があるというのは確かに極言であるにしても、絶対対立さえ多々ある。全体主義的歴史観の確立をめざして、むりやりに日中共有の歴史教科書をつくる必要性はいったいどこにあるのだろうか。

中国的な考えでいけば、勝者が歴史をつくる、敗者はその歴史を学べばよい。日本はこれからも永遠に中国が決めた「正しい歴史認識」を、反省と謝罪の行事化の下で、拳々服膺《けんけんふくよう》すればよろしい。共有する歴史教科書の作成はあくまでも中国の意向を尊重ということでしか不可能だから、日本がいくら努力しても日本の意向通りにできるものではない。

このような中国の常識から考えれば、中華思想をやめ、従来の「正しい歴史認識」を放棄することはないだろう。中国は絶対善であり、絶対無謬《むびゅう》である自負を放棄することもないだろう。

共有の歴史教科書という発想自体がそもそも問題である。EUはできる、だから日中・日韓もできないはずがない、という考えが問題なのだ。EUは共有するキリスト教文明があり、近代西洋の価値体系もある。

日中よりも日米欧の方が、人類の共有する普遍的価値、そしてそれを希求する共有の方向性がある。少なくとも多党制も三権分立も絶対しないと公言して「人民専制」を死守する中国と共有の歴史教科書をつくることは、人類に対する犯罪行為だと知るべきではないだろうか。

8 「正史」は正しい歴史認識ではない

聖人孔子とその門徒衆七十二賢人以外に、亜聖孟子以後の中国にはもはや聖人は出なくなった。書聖や詩聖といわれる人物があってもだ。

中国では孔孟以後、経典の注釈や疏《そ》を書く大儒名儒以外には、科挙合格者の文人が二流で、三流の失脚者が歴史を書く。科挙さえ及第できない文人は「大説」の歴史ではなく、フィクションの「小説」を書くから四流の人物だ。歌手や俳優は娼女・乞食以下と見なされるので「不入流」といわれる。だから、正史としての陳寿《ちんじゅ》（二三三～二九七年）の『三国志』と羅貫中《らかんちゅう》（一三三〇頃～一四〇〇年頃）の大河小説『三国志演義』とはまったく格が異なるものだ。

とはいっても、日本の文化人たちは『三国志』と『三国志演義』についてはあまり区別をしない。いや区別を知らないものさえ少なくない。もちろん中国の民間では、『三国志』よりも『三国志演義』として語られることが多いので、フィクションは歴史書の史実以上に史実として認知されるのが一般的だ。

毛沢東は革命家であるとともに、詩詞もできる気宇広大な文人でもある。それでも権謀術数を知るために『三国志演義』を愛読したのではないだろうか。

『三国志』を編著したのが晋（西晋）の陳寿で、魏をもち上げ、蜀（蜀漢）と呉を貶《おとし》めた。蜀の諸葛孔明の用兵についても貶めているので、『三国志演義』とはやはり人物評が違う。古代史家顧頡剛によれば、『三国志』の価値はこの本の「注」にある。その「注」の多くを書いたのは南朝の宋の裴松之である。

『三国志』の著者陳寿は曹操を善人として書いているのに対し、南人である宋人は北人の曹操を大悪人と「注」の中で痛罵した。もちろんそのような人物観は『三国志演義』で民間に広げたものだ。

顧頡剛の『三国志演義』についての評価はあんがいと高い。史実といえるものは約八割、残りは民間伝説からくるもので、一部には真実性もあるが、もちろんフィクションも創作もあるという。

本居宣長は『源氏物語玉の小櫛《おぐし》』において、漢書《からぶみ》と物語の違いを説くことで「あはれ」とは何かを語った。たとえば『源氏物語』蛍巻で、光源氏が「正史などより、作り物語の中にこそ真実がある」という内容の発言をする場面がある。それを受け継いでの考察はこうだ。

〈物語は、おほかたつくりこと也《なり》とはいへども、其中《そのなか》に、げにさもあるべきことと思はれて、作り事とは知りながら、あはれと思はれて、心のうごくこと有と也〉

〈おほかた異国の書は、ひたすら人の善悪是非を、きびしくこちたく論ひ、物の道理をうがちて、さかしげに、人ごとに、われがしこにいひきそひて、……皇国《みくに》の物がたりぶみは、……を、しくさかしだち、した、かなることはなき。これ異国と、つくりやうのかはれるなり〉

物語は正史以上に真実に近い——この言説は、中国の正史の特性をかなり正確にとらえている。若い頃から中国の正史を渉猟《しょうりょう》していた私としてはまことに同感、共鳴の限りである。というのも、中国の正史は易姓革命後に勝者が敗者を裁き、あるいは「歴史を鑑《かがみ》とする」ために前王朝の歴史を記述したものであるため、建前、大義名分と革命の正当性が強調されるのが常識だからである。

このような正史を個人の自伝自述より客観的だとするのは、決して正確ではない。そのようなことは、中国で国民党に対する共産党の記述を見ても一目瞭然である。ましてやそれを「正しい歴史認識」として他人他国に無理やり押し付けるやり方を見ればなおさら、その歴史捏造の必然性、必要性が分かろうというものだ。

ゆえに、「漢心《からごころ》」から生まれた正史ではなく、「あはれ」から生まれた物語のほうが人間の本心から生まれたものといえるし、より真実を表している、というのもまったくその通りである。

また司馬遷の『史記』では、黄帝をはじめとする「三皇五帝」のような神話や伝説の人物を、神の代ではなく人の代の人間として記述している。一方、日本の「記紀」は「神の代」と「人の代」を巻で分けており、このほうが歴史に忠実というべきであろう。

〈さてその物事につきて、よき事はよし、あしき事はあし、かなしき事はかなし、哀れなる事は哀れと思ひて、其《そ》のものごとの味をしるを、物の哀れをしるといひ、物の心をしるといひ、事の心をしるといふ〉（本居宣長『紫文要領』）

〈物語のよきとするは物の哀れをしる人也。あしきとするは物の哀れをしらぬ人也〉（同前）

物語と漢書《からぶみ》は違う。物語や歌はただありのままに受け止めるべきであって、教訓を引き出すための道具として読むのは邪道なのだ。

9　ころころ変わるのが中国の「原則」

中国ないし中国人の歴史観は、もちろん一様ではない。たとえば、唐の黄巣《こうそう》、明の李自成《りじせい》については、伝統的な歴史観と人民中国以後の革命史観とではまったく逆である。それは極悪非道の逆賊と農民革命の英雄という極端な人物観である。文革については党大会では「十年酷劫」（動乱の十年）と決議しても、毛沢東の歴史評価についてはなおも流動的である。

たとえば「南京大虐殺」について、人数はさまざまな説があっても党の文宣部によって「三十万以上」と「決定」したが、大躍進挫折後の餓死者はいったい三千万人か五千万人か文宣部だけでは決定できない。「村々人相食《あいは》む」という民間人の記述があっても、政府広報はない。

中国政府の欽定《きんてい》歴史観――いわゆる「正しい歴史認識」はいつでも、そのときその場の政治状況、力関係によって変わるもので、中国政府はしきりに日本人に「前事不忘、後事之師」（歴史を鏡にする）とむりやり押しつけても、それもただ一時の方便にすぎない。

日中戦争の死傷者については、私の小学生時代に試験で暗記したのは三百万人。中学と高校もあわせてさらなる詳細な歴史教育があったが、私が来日後、日本の近現代史には一千万人と書かれていて驚倒され、日本の方がわれわれ中華民国の教育より信頼度が高いと思ったものだ。

日中国交樹立後には、その数字はいつしか増えていく。二千万人から三千万人となり、やがて五千万人や一億人までいくのではないかと予想もする。それが中国である。中国は「原則」を重んじる国だといつも強調していても、その原則とは、その時その場の原則と読解すべきもので、きわめてご都合主義的な人種と知れば、真の中国を知ることもできる。つまり、これまでころころ変わってきて、これからもころころ変わっていくものなのだ。

もちろんそれは「正しい歴史認識」にかぎることではない。少なくとも中ソ、中米関係の歴史を見れば一目瞭然だ。人民共和国政権成立直後は向ソ一辺倒だ。しかし急に中ソ対立から中ソ戦争に変わった。アメリカ帝国主義は人類最大の死敵、日本は米帝の走狗《そうく》だと、あれほど罵倒したのに、急に子々孫々の友好へと変調。もちろんそれは国家関係にかぎらず、林彪《りんぴょう》は毛沢東の最も親密なる戦友だと憲法草案と事典にまで明記したのに急に死敵になったという豹変《ひょうへん》ぶりは、なおも記憶に新しいのではないだろうか。

私はここ半世紀来の歴史教訓から、「中国を見る目」について「逆観法」を「歴史の鑑」として修得したのである。たいてい中国が「正しい歴史認識」と称するものは絶対その逆で「正しくないもの」、「永遠」「絶対」といったらすぐ変わる意味で、「子々孫々の友好」と口にしたら、これから危ないぞというシグナルと読むのが、中国を知るのに絶対欠かせない「逆観法」だ。

10 建前と本音を使い分ける中国の論理

中国外務省の秦剛副報道局長は、定例の記者会見でこう言った。

「歴史上、中国は一度も他国を侵略したことはない。有史以来一貫して平和国家だった」

たいてい中国外務省出版の国際関係の書物は、どの国とも「友好関係」以外にない。

中国外務省の主張によれば、中国の人権はアメリカの五倍以上尊重されている。もちろんこの「五倍」以上の数字もきわめて中国的だ。

中国で流行しているこういう諧謔《かいぎゃく》がある。

アメリカ人「アメリカでは、嘘つきは弁護士になる」

日本人「日本では、嘘つきはマスコミ関係者になる」

中国人「中国では、いまだ一人も嘘をついたものはいない」

中国人というのは、考えていることと、口で言っていることと、やっていることは違うもので、そこで「建前と本音」を使い分けるのも巧みである。以下の戯れ言もその一つだ。

警察――我々は人民に奉仕するためにある。
公安――絶対一人の犯罪分子をも逃さない。
職員――オレは明日辞める。
運転手――我々は時刻通り発車する。
商人――大出血、大売り出し、大負け。
裁判官――我々は独自の判断で判定を下す。
党委員会――我々は社会主義を堅持する。
解放軍――我々は一般民衆に銃を向けない。
役人――我々は絶対賄賂《わいろ》を受け取らない。
上場会社――我々は従来粉飾決算をしていない。
酒タバコ会社――我々は絶対ニセ酒ニセタバコを生産しない。
製薬会社――我々は従来ニセ薬を生産していない。

そして、嘘つきをどう看破するかについて、こう言う冗談が流行っている。

良民が嘘をつくと――すぐ顔が赤くなり心臓の鼓動が激しくなる。
暴徒が嘘をつくと――声がでっかくなる。

バカが嘘をつくと——つじつまの合わない話ばかりする。

商人が嘘をつくと——需要に応じる。

学者が嘘をつくと——自説を説く。

嘘つきが嘘をつくと——頭をあげて傲然となる。

女性が嘘をつくと——泣きわめく。

悪人が嘘をつくと——微笑み顔になる。

小役人が嘘をつくと——理路整然となる。

高官が嘘をつくと——親切になって教訓を垂れる。

「中国は一度も他国を侵略したことはない。有史以来一貫して平和国家だった」という中国外務省の説は、もし中国古代の世界観にしたがえば、かつての「支那非国論」や「支那無国境論」と同様に、それなりの論拠がある。今現在の世界とはどういう世界かということは別にして、ただ中華思想にもとづく中国の主張のみから考えれば、中国外務省の主張はまんざら嘘ではなさそうだ。それが中国の論理である。

一方、魯迅は日本留学中に、日本人の実直で勤勉なこと、何をするにも手を抜かないことを取り上げて絶賛し、中国人の「馬馬虎虎」（いいかげんにお茶を濁す）、「投機取巧」（日和見で小手先を利かせることを好み、甘い汁ばかりを吸う）性格を厳しく批判した。

日本人は嘘を忌み嫌ってきた民族である。だからこそ「嘘つきは泥棒の始まり」ということわざも生まれてきたのかもしれない。

鎌倉・南北朝時代の禅僧夢窓《むそう》国師は「長生きしようと思ったら嘘をついてはいけない」と述べている。嘘がばれないかとあれこれ気を遣い、鬱々とした気持ちがまとわりつく。それが命を短くするというわけだ。だから正直な人間は安心立命、安心常楽の境地でいられるという。

母から最初に教えられた童謡の一つ「花咲爺さん」を、私は今でも口にすることができる。世間では「正直者は馬鹿を見る」というが、昔話ではたいてい欲張りや意地悪がその行動の報いを受ける。「花咲爺さん」も同様だ。

正直爺さんが枯れ木に花を咲かせ殿様からたくさんの褒美をもらったのを見て、意地悪爺さんも真似して灰をまく。しかし花が咲くどころか殿様の目や鼻に灰が入って大騒ぎになり、とうとう牢屋に入れられてしまうという典型的な善因楽果、悪因苦果の物語である。

『日本霊異記《りょういき》』『今昔《こんじゃく》物語』をはじめ、多くの昔話や民話がこうした天真爛漫な心を育て、日本人の清明心を育んできたのではなかろうか。

単行本　平成二十四年十月　産経新聞出版刊

産経NF文庫

中国人が死んでも認めない
捏造だらけの中国史

二〇一九年一月二十三日　第一刷発行

著　者　黄　文雄

発行者　皆川豪志

発行・発売　株式会社　潮書房光人新社
〒100-8077　東京都千代田区大手町一-七-二
電話／〇三-六二八一-九八九一㈹
印刷・製本　凸版印刷株式会社
定価はカバーに表示してあります
乱丁・落丁のものはお取りかえ致します。本文は中性紙を使用

ISBN978-4-7698-7007-4　C0195
http://www.kojinsha.co.jp

産経NF文庫の既刊本

金正日秘録 なぜ正恩体制は崩壊しないのか

龍谷大学教授 李 相哲

米朝首脳会談後、盤石ぶりを誇示する金正恩。正恩の父、正日はいかに権力基盤を築き、三代目へ権力を譲ったのか。機密文書など600点に及ぶ文献や独自インタビューから初めて浮かびあがらせた、2代目独裁者の「特異な人格」と世襲王朝の実像！

定価〈本体900円＋税〉 ISBN978-4-7698-7006-7

国民の神話 日本人の源流を訪ねて

産経新聞社

乱暴者だったり、色恋に夢中になったりと、実に人間味豊かな神様たちが多く登場し、躍動します。感受性豊かな祖先が築き上げた素晴らしい日本を、もっともっと好きになる一冊です。日本人であることを楽しく、誇らしく思わせてくれるもの、それが神話です！

定価〈本体820円＋税〉 ISBN978-4-7698-7004-3

総括せよ！ さらば革命的世代 50年前、キャンパスで何があったか

産経新聞取材班

半世紀前、わが国に「革命」を訴える世代がいた。当時それは特別な人間でも特別な考え方でもなかった。にもかかわらず、彼らは、あの時代を積極的に語ろうとはしない。彼らの存在はわが国にどのような功罪を与えたのか。そもそも、「全共闘世代」とは何者か？

定価〈本体800円＋税〉 ISBN978-4-7698-7005-0